基本から応用まで身につく！

試合を決める！

サッカー
ゴールキーパー
最強バイブル

元日本代表
土肥洋一 監修

JN094632

メイツ出版

はじめに

　ゴールキーパーはサッカーで唯一、フィールド内で手を使うことができるポジションです。自陣のゴールを守る役割を担うため、自らシュートを決める場面はほとんどありませんが、相手チームの攻撃をとめるプレーで勝敗を左右する決定的な仕事をすることができます。また、フォーメーションの最後方でチームをまとめることも役割のひとつです。ディフェンスラインに的確な指示を出してピンチを回避し、劣勢の場面ではチーム全体を鼓舞します。

　非常に重要なポジションであるため、ヨーロッパにはゴールキーパーが花形、一番人気という国もあるようです。私もまた、ゴールキーパーの魅力に夢中になっている一人です。この本では、ゴールキーパーの楽しさ・奥深さを感じてもらうため、重要なテクニックを紹介しています。基本となるキャッチングやパンチングといったセーブ技術と、さまざまなシチュエーションへの対応方法が身につけば、試合で活躍できるでしょう。

　加えて、フィード技術にも多くのページを割いています。現代サッカーではゴールキーパーの攻撃参加が重視されるので、高いレベルでこなせるように練習してください。正確なフィードをマスターして、攻撃の組み立てやカウンターなどの場面で技術を発揮しましょう。

　フィールドプレーヤーに比べて海外で活躍する選手が少ないポジションですが、僕は日本人であっても通用すると考えています。誰が名前を聞いても納得できる世界的なゴールキーパーが、日本から輩出されることを祈っています。

　最後になりますが、本書で紹介しているのは、セービングの確率をあげる技術の一端です。最終的には顔に当ててでも決められなければいいのです。絶対に守らなければいけないルールではなく、あくまでゴールを決められないようにするための手段として、上手くトレーニングに取り入れていただきたいと思います。

元日本代表　土肥 洋一

この本の使い方

この本では、サッカーでゴールキーパーのポジションを務めるプレーヤーが、レベルアップするためのコツを50紹介しています。ゴールを守るためのセーブ技術や、実戦的なさまざまなシチュエーションでの対処方法、そして現代サッカーにおいてゴールキーパーに求められるキック技術やフィードなど、テクニックを一通り網羅しています。

最初から読み進めることが理想ですが、特に自分が知りたい、もしくは苦手だから克服したいという項目があれば、そこだけをピックアップしてマスターすることも可能です。目的やスキルに合わせて、本書を活用してください。

各ページには、紹介しているコツをマスターするための POINT があげられています。理解を深めるための、助けにしてください。

さらにこの本では、ゴールキーパー向けの練習法と筋力トレーニング、ストレッチも紹介しています。練習メニューに加えて、上達の助けにしてください。

タイトル
このページでマスターするコツとテクニックの名前、難易度（レベル）などが一目でわかるようになっている。

PART 2
コツ07　LEVEL ■■■□□

両手でボールを包み込む

CHECK POINT!
1　体の前に手を出してワキをやや締める
2　ボールを手にはめるようなイメージで動作
3　体の前の空間が重要

ワキを締めてシュートの勢いを

ボールをつかんで自分の手の中に収めるプレーをキャッチングという。セービングの中で最も安全性が高く、マイボールにできるため、攻撃につなげる意味でも効果的だ。ボールを確実にキャッチできる技術を身につけよう。ポイントになるのは手の形。両手を開き、それぞれ同じ側の肩の前で構える。このとき、ワキをやや締めることが大切だ。開いているとキャッチし

づらくなる。

キャッチ時に
ばし、左右の
の距離まで近づ
ようにとること
ヒジを曲げ、シ
腰よりも低い
腕を下に伸ばし
げて腰を落とす

30

CHECKPOINT!
コツをマスターするためのポイントを紹介している。練習に取り組む際には、常に意識しよう。

解説文
コツと関係する知識を解説している。じっくり読んで理解を深めよう。

4

①正面

とる

POINT ① 両手を開いて前に出し ワキをやや締める

ボールを待ち構える際は、両手を開いてそ
れぞれの側の肩の前あたりにあげる。体の前
で揃えた状態で、手のひらを正面に向ける。
両手の高さなどがズレていると、ボールをこ
ぼす原因になるので注意しよう。加えて、ワ
キを軽く締めることがポイントになる。

POINT ② 手のひらにはめるような イメージで行う

飛んでくるボールの軌道を見極め、それに
合わせて手を伸ばす。両手でつくったスペー
スに、ボールをはめ込むようなイメージで動
作する。ボールをとったらヒジを柔軟に使っ
て勢いを吸収し、両手で包んでガッチリとキ
ャッチする。こぼさないように注意しよう。

POINT ③ 体の前に空間を 充分に空ける

正確にキャッチするためには、ボールと体
の間に空間をつくることが重要だ。これによ
り、ボールの勢いをしっかりと吸収できるよ
うになり、正確につかめる。しかし手を前に
出しすぎると、逆にキャッチしづらくなる。
自分にとって丁度いい位置を探そう。

プラスワン +1 アドバイス

ヒジと手の 位置に注意する

キャッチ時に、両ヒジが外に開くとミスの原因に
なりやすい。また、手の位置が一方は前、逆側は後
ろなどバラバラになることでもキャッチミスの原因
になるので注意。キャッチングはセービングの基礎
となる技術なので、しっかりマスターしよう。

て腕を伸
いくらい
包み込む
こ瞬間に
奴しよう。
対しては、
ヒザを曲

31

※本書は 2015 年発行の『基本から応用まで身につく！サッカー
　ゴールキーパー　上達バイブル』を元に加筆・修正を行っています。

PART5　レベルアップする練習法………………………… **99**

PART **1**

守護神の心得

ゴールキーパーの魅力と役割を知る

フォーメーションをコンパクトにキープし、全員攻撃・全員守備で勝利を目指す現代サッカーにおいて、ゴールキーパーの役割はゴールを守ることだけにとどまらない。ディフェンスラインの背後のカバー、攻撃の組み立てに参加するフィードなど、攻守に渡って精力的なプレーが求められる。

レベルアップを目指す全てのゴールキーパーへ、現役時代に216試合連続出場というJリーグ記録を打ち立て、日本代表にも名を連ねた、土肥 洋一がアドバイス！

©TOKYO VERDY

ゴールキーパーは
自分の武器を活かせる
ポジションだった

　僕がサッカーを始めたのは、中学生の頃です。当初は、フィールドプレーヤーとしてプレーしていました。フォワード、ミッドフィルダー、ディフェンダーと高いポジションから順に経験し、最終的にゴールキーパーになりました。それも積極的に目指したわけではなく、体格に恵まれていたという点から当時のチームのコーチに勧められて転向しました。自分としても、チームメイトに比べて足元の技術で劣っていると感じていた部分もあったので、自分の武器を活かせるならゴールキーパーのポジションに挑戦しようと決心しました。

「試合に出られるならどこでもいい」という気持ちで始めたゴールキーパーでしたが、いざプレーしてみると、唯一手が使えるという部分や、チームをまとめる役割に魅力を感じるようになりましたね。ゴールを守ることは、ゴールを決めることと同じくらい試合を左右する決定的なプレーだと気づいたのです。

現代サッカーでは
ゴールキーパーも
フィールドプレーヤーの一人

　プロとしてプレーするなかで、ゴールキーパーの役割は徐々に変化していきました。年々守備範囲が広がっていきましたし、パス展開の一員としてディフェンスラインに加わる機会も増えました。というのも、サッカーというスポーツ自体が、フォーメーションをコンパクトにして、「全員で攻めて、全員で守る」という形に変化していったからです。

　全員で攻めるということは、すなわち守備のリスクが増加するということです。チャンスと見ればサイドバックまでも敵陣深くまで侵入して行くわけですから、当然ながらディフェンスの人数が減少します。その際にゴールキーパーに求められるのが、カバーリング能力であり、足元の技術です。ゴールを守るということに加えて、リベロのようにプレーする役割が求められるようになっているのです。この傾向は僕が引退してからさらに加速し、現代サッカーではゴールキーパーも一人のフィールドプレーヤーとして認識されるようになっています。

11

ドイツ代表のゴールマウスを守るマヌエル・ノイアー選手は、広い守備範囲と的確な判断力を持つ世界トッププレベルのゴールキーパー。2014年のブラジルワールドカップでは、チームを優勝に導く活躍を見せた。

外国人ゴールキーパーとの違い・差

　世界で活躍できる条件として、ゴールキーパーは体が大きければそれだけ有利という点があり、その部分で日本人は欧州の選手と比べると、どうしても見劣りしますね。ただ、**細かいところの技術に関しては日本人が上だと僕は考えています。強みを活かすことができれば、世界の舞台でも充分に活躍できると思いますね。**

　しかし、それでも世界で活躍する日本人ゴールキーパーがなかなか出てこない

のは、言葉の問題が大きいと思います。ヨーロッパ人であれば、スペイン語さえ話せればイタリア語やポルトガル語もそれなりに理解できますし、英語は世界的な共通語ですから、サッカーの中心地である欧州と南米の行き来は簡単です。しかし日本だとそうはいきませんよね。**ゴールキーパーはコミュニケーションがとても重要なポジションですから、言葉が通じないとなると、優れたパフォーマンスを見せるのは難しいのです。**

　しかしこれは、逆に言えば言葉の障害さえクリアできれば、日本人ゴールキー

写真：アフロ

パーでも充分に世界で戦えるということです。川島永嗣選手はその好例ですね。

日本人にも世界的な選手になれる可能性がある

指導者として今の子どもたちを見ると、**日本人でも体の大きい選手は出てきていて、世界に引けをとらないようなプレーヤーに成長できる可能性を感じます。**世界をリードできるようなゴールキーパーを、日本から輩出できたら嬉しいですね。そのために見本にしてもらいたいのは、

ドイツのマヌエル・ノイアー選手です。守備範囲がとにかく広いですし、飛び出しだとかの判断もはっきりしています。なにより試合中のポーカーフェイスは余裕を感じます。時折、笑顔を見せるようなシーンもありますよね。ブラジルワールドカップでの活躍は凄まじいものでしたし、現在の世界ナンバーワンゴールキーパーだと思います。

Jリーグだと、西川周作選手と楢崎正剛選手のプレーぶりは参考になるでしょう。難しいことを簡単に観せるレベルの高いゴールキーパーです。（注:インタビュー当時）

長所を伸ばすことが
成長する早道になる

　何人かの選手を挙げましたが、決して
それらレベルの高いゴールキーパーの真
似事をしなさいと言っているわけではあり
ません。**ゴールキーパーにはシュートスト
ップが得意な選手がいれば、フィード能
力に長けていたり、クロスで強さを発揮
するなど、さまざまなタイプがいます。そ**
れぞれが持つ特徴に応じて、プレースタイ
ルを確立していくべきです。

　僕は、成長するためには長所を伸ばし
ていく方法がベストだと考えています。**短
所はそう簡単に克服できるものではない
ので、それよりも得意な部分を伸ばして
いき、自分をアピールする方が早道では
ないでしょうか。**その結果レギュラーの座
をつかむことができれば、実戦経験のな
かから短所も補っていけるはずです。

　とはいえ、キャッチングなど最低限の
技術は身につけなくてはいけません。ま
ずはゴールキーパーとして必要不可欠な
技術をしっかりと習得し、その上で自分
の特徴について考えてみてください。

コミュニケーションと
洞察する力が必須

　また、ゴールキーパーというのは人一
倍気が利かないと務まらないポジション
ですから、技術面のみならず精神面でも
成長を目指してもらいたいですね。**チーム
をうまく動かして守備を固くするために
は、チームメイトの異変にいち早く気づ
ける察知の力が必要です。**例えば二人の
センターバックがいて、どうやら右のセン
ターバックの調子が悪そうだと察すること
ができれば、左のセンターバックにフォロ
ーさせるようなコーチングをすることで右
をケアして、危険を回避できますよね。
効果的にチームをコントロールできるよう
に、**日頃からチームメイトとコミュニケー
ションをとることを意識し、それぞれのコ
ンディションをはかれる洞察力を磨いて
もらいたいですね。**

　チーム全体のコンディションを把握でき
ることがベストですが、それはなかなか難
しいものです。まずは自分と関わりの深
いディフェンスラインとボランチを重視し
て、関係性を形成しましょう。ゴールキー
パーが中心となれば、強固な守備陣を形
成することができます。

©TOKYO VERDY

CHECK POINT！

1　ゴールを守ることは試合を左右する決定的なプレー。

2　守備範囲が広がっている。

3　カバーリング能力と足元の技術が求められる。

4　細かい技術は日本人も外国人に引けをとらない。

5　コミュニケーションがとても重要なポジション。

6　精神面の強さがあれば日本人でも世界で活躍できる可能性がある。

7　ゴールキーパーにはさまざまなタイプがいる。

8　長所を伸ばして自分をアピールする方が成長の早道。

9　チームを動かして守るためには察知する力が必要。

10　日頃からチームメイトとコミュニケーションをとる。

守備からの攻撃参加の能力も要求される

> **CHECK POINT!**
> 1　高いセーブ技術でシュートを防ぐ
> 2　コーチングでピンチを回避する
> 3　精度の高いフィードで攻撃を助ける

コーチングでディフェンスをコントロール

　守護神としてゴールを死守するためには、キャッチングやパンチング、ディフレクティングといったセーブの技術はもちろんのこと、味方ディフェンスに指示を出すコーチングも要求される。シュートコースを消す、フリーの相手フォワードにマークをつけるといった指示をスムーズに出せれば、シュートを打たせることなくピンチを回避することができるのだ。**このコーチン**グの能力と判断力、落下点予測力などが高いレベルで備わっていれば、体の小さな選手であっても、名ゴールキーパーになることができる可能性がある。

　また、攻撃の場面でも重要性が増している。カウンターをしかける際のロングフィードや、パス回しへの参加を高い精度を持って行うことができれば、チーム全体の攻撃力がアップするのだ。

一試合を通じて平常心をキープする

©TOKYO VERDY

CHECK POINT!

1 ミスを引きずらないメンタルが必要
2 平常心を保ち味方を安心させる
3 楽しむことを意識してプレーする

平静を装い味方に安心感を与える

一回のミスが即失点につながるゴールキーパーは、責任の重いポジションだ。それだけに、強いメンタルが求められる。ミスしたからといって、それを引きずってしまってはさらにミスが増えてピンチに陥る。**ハイレベルのゴールキーパーを目指すなら、ミスをしたとしても平常心を保つことができるメンタルを身につけよう。**ゴールキーパーが平然としていることには、味方に安心感と余裕を与えてパフォーマンスの発揮を促す効果もあるので、常に平静を装うことが大切。

とはいえ、強いメンタルはそう簡単には身につけられないので、まずはプレーを楽しむことを意識しよう。これにより、ミスしたとしても「これを乗り越えてレベルアップしよう!」と、気持ちを切り替えられるようになる。

キーパーグローブの選び方

フィット感と練習環境、フィーリングから選ぶ

　プレーヤーのなかで唯一、手を使うことが許されているゴールキーパーにとって、キーパーグローブは重要な道具だ。キーパーグローブは大きく分けて、手の平部分の「パーム」と手の甲を包む「バックハンド」、手首を固定する「リストストラップ」の3つのパーツで構成されており、さまざまな特徴を持つキーパーグローブが開発されている。

　選び方としては、まず第一に自分の手とのフィット感を確認しよう。手の大きさや厚みは人によって異なるので、自分の好みにあったものを選ぶ。このとき、ストラップの締まり具合もしっかり確認しよう。次に練習環境を考える。土のグラウンドならば消耗しやすいので耐久性を重視し、芝ならばパームがやわらかくグリップ力のあるものを選ぶなど、検討する。

　また、機能性を見ることは大切だが、一番は自分の感覚を重視するべきだ。扱う際に違和感がないことがパフォーマンスを発揮する上で最重要なので、手を入れたときのフィーリングも大切にしよう。

PART **2**

セーブ技術の
マスター

素早く反応できる姿勢をとる

CHECK POINT!

1 足は肩幅に開いてヒザを曲げる
2 低重心でシュートに反応
3 手を開いてコースを消す

反応からすぐ体を動かせる構えをマスター

　あらゆる方向、角度、高さから高速で飛んでくるシュートに反応できなければ、ゴールキーパーは務まらない。ペナルティエリア内で打たれる至近距離のシュート、強いキックで放たれる弾丸ミドル、どんなシュートにも素早く反応しゴールマウスを守るのが守護神の役目だ。そのために重要になるのが構え。**反射神経もさることながら、反応から素早く体を動かせる構え**が、**セービングには必要不可欠なのだ。**

　ポイントは、自然な足幅で立って前に重心をかけること。これにより、高速のシュートにも素早く腕を伸ばせるようになる。前傾していると後ろへの動き出しがやや遅れるが、背後を狙うボールは山なりでスピードがないので対応できる。1対1などボールを持つ相手選手との距離が近い場面では、腕を開いて守る。

POINT ① 肩幅程度に足を開き ヒザを柔軟にする

自チームが守備にまわっている時間帯は、素早く反応できるように体をリラックスさせることが大切だ。足は肩幅かそれよりやや広いくらいの幅で立ち、楽な姿勢をとろう。またヒザを軽く曲げて、柔軟にする。これにより、瞬間的に動作に移れるようになる。

POINT ② 距離が近い場面では 低重心で構える方が良い

相手ボール保持者がペナルティエリアに侵入してきたピンチの場面では、さらに腰を落として低重心に姿勢をとり、体重を前にかけて構える。これによって1対1に持ち込まれた際にシュートコースを消せるようになり、低いボールに反応しやすくなる。

POINT ③ 両手を広げて コースを消す

低重心の構えでは、両手をそれぞれナナメ下に開く。これにより、グラウンダーのシュートに反応しやすくなる。このとき、手のひらも開いて前に向ける。距離が近い状況ではパンチングをする可能性が低いので、ディフレクティングの準備をすると効果的なのだ。

プラスワン +1 アドバイス

自チームが攻撃している時間は 自然体で立ち守備の準備をしておく

自チームが攻撃をしかけている時間帯は、腰を落として構える必要がない。自然体で立ち、ボールの動きに合わせてポジショニングしよう。攻守の切り替わりからの急なロングボールなど、攻撃のときも備えよう。

ゴール中央でボールと正対する

CHECK POINT！
1 ボールとゴールの中心に立つ（P23）
2 サイドでも同じセオリー（P24）
3 アウトスイングはやや前に（P25）

ポジショニングを意識しながらゴール前で位置取りする

至近距離からのスピードのあるシュートに対しては、いくら反応速度があっても間に合わない。ポイントになるのは、シュートを打たれる前のポジショニングだ。ボールに手が届く位置取りをできるかどうかが、セービング成功のカギを握る。基本となるのは、**ボールとゴールの中央を結ぶ線上に立つこと。そのポジションであれば、左右どちらに打たれても反応することができる。**

このとき、ゴールライン上に立つとシュートコースをあけてしまうのでダメ。しかし、かといって前に出過ぎるのも良くない。前に出るとシュートの角度を減らすことができるが、ループシュートに対応しづらくなる。上を狙われても反応できるポジショニングを心がけよう。しかし状況によっては大胆に前に出なければならないこともあるので、臨機応変に前後動する必要がある。

ポジショニングのセオリーは、ボールのある位置とゴールの中央を結ぶ線の上で構えをとること。ボールが正面にあるときはゴール中央、左右に移動したら合わせて動く。角度のないニアサイドはコースを狭め、遠いサイドやファーサイドは空ける位置どりをする（サイドのポジショニングは次ページ参照）。ポジショニングはゴールを背にして行うため、微調整するうちにゴールから離れてしまうことがあるので注意しよう。

プラスワン +1 アドバイス

ゴールエリアの中央辺りで構える

相手チームに自陣で攻撃を展開されている場面では、ゴールエリアの中央辺りで構える。これにより、ループシュートなど上を狙うシュートもセーブできる。しかし身長のある選手であれば、もっと前に出られるので、自分にとってベストな位置を探そう。

POINT ② ボールに体を向けてポジショニング

　相手ボール保持者がサイドにいる場合も、ボールとゴールの中央を結ぶ線の上で構えるセオリーを徹底する。ボールに対して体の正面を向けて、クロスとシュート両方の選択肢を警戒しよう。このとき、ボールに引っ張られて、ニアに寄ってしまわないように注意。また、ボール保持者の利き足を見ることも大切だ。サイドに対して利き足が逆足の場合、鋭いカットインシュートに警戒する。

プラスワン +1 アドバイス

ゴールの中央を起点に
ポジションをとる

　ポジショニングする際には、ゴールの中心の点からボールへと線を伸ばしてポジションを決める。ゴールラインの中央から線を伸ばしてしまうと、ボールのサイドに寄りすぎた位置になるので注意しよう。この仮想線をいかに正確に伸ばせるかがポイントになる。

アウトスイングに対してはやや前に出る

　右サイド（相手チームの左サイド）で左利きの相手選手がボールを持った場合には、ゴールから離れていく軌道を描くアウトスイングのクロスが入ってくる。ペナルティエリアに蹴り込まれるボールに対応できるように、やや前にポジションをとって警戒する。ニアのコースを空けることになるが、ゴール前に相手フォワードが揃っているならサイドと利き足が一致しているボール保持者が、シュートを狙ってくる可能性は低い。しかし、シュートにもいけるポジショニングを意識する。

プラスワン +1 アドバイス

前に重心をかけて
クロス対応の準備

　クロスの対応では飛び出しが重要になるので、前の足に重心をかけて構える。これにより前方向への動き出しがスムーズになり、素早く落下点に入ることができる。しかし、ニアに入れられる可能性もあるので、意識としては前方向へのボールを想定する。

3種類の移動でポジショニングを調整

サイドステップ

クロスステップ

CHECK POINT!
1　横に動いてポジションを調整
2　足を交差させて素早く体を動かす
3　前に目線を残して前後移動する

フロントステップ

バックのクロスステップ

ボールに合わせてステップで移動する

　正しいポジショニングをするためには、**パス回しやドリブルでボールが動くたび、細かく移動することになる。その際に必要になるのがステップの技術だ。**

　ステップには前後左右の4方向がある。左右に動くサイドステップは、横へのショートパスやドリブルに合わせてポジションを調整する際に効果的。ステップの基本となる技術といえる。クロスステップは両足を交差させて走るように動くため、スピードが出せる。クロスなど速くボールが動く場面で使おう。ただ、歩幅が大きい分スキも大きいので、状況を見て繰り出すことが大切。

　フロントとバックのステップは半身になって前後に動くステップで、1対1の場面での飛び出しや、ループシュートなど頭上を狙うボールに対応する技術だ。

前を向いたまま横移動するサイドステップ

サイドステップ

　進行方向側の足を真横に踏み込み、重心が乗ったところで逆側の足を引き寄せるように踏み込む。これをリズミカルに行い、真横に移動する。このとき、視野を確保できるように頭の位置をキープする。ステップで体が大きく上下しないように注意しよう。

プラスワン **+1** アドバイス

小さいステップも活用する

　歩幅を小さくして行うサイドステップもマスターしよう。相手のパス回しに合わせてポジションを調整するときなどは、小刻みにステップする必要があるので、身につけておくと試合で有効だ。リラックスした状態で行えるので、難易度が通常のステップより低い。

クロスステップ

足運びは通常の走る動作と同じで、両足を交差させて素早く移動する。ポイントは目線でボールをとらえながら行うこと。これによって軌道を見ながら移動できるようになり、クロスからのヘディングなどダイレクトの速いシュートにも対応できるようになる。

プラスワン +1 アドバイス

上半身を正面に向け 半身で移動する

足は移動する方向に向けるものの、上半身は常に前に向けて動作することが大切。半身の姿勢をとることで、急な方向転換が可能になり反応速度がアップするのだ。構えをとりながらステップすることを意識すれば、スキの大きなステップでも危険を回避できる。

フロントステップ

バックステップ

　ボールと正対した状態で前にクロスステップで進む動作がフロントステップだ。反対に後ろに移動するバックステップは、顔を前に向けたまま半身の姿勢で後方にクロスステップする。マスターできれば、1対1やループシュートへの対応力が向上する。

プラスワン ＋1 アドバイス

ジャンプストップで両足を揃えてとまる

　フロントステップでストップする際には、片足で踏み切り相手に合わせて、両足を揃えて着地する。これにより、前の移動からスムーズに構えの姿勢に移行できるようになる。1対1の場面では相手にスキを与えると失点してしまうので、特に重要になる。

29

PART 2 コツ07

LEVEL ■■■■■

両手でボールを包み込むようにとる

CHECK POINT!

1 体の前に手を出してワキをやや締める
2 ボールを手にはめるようなイメージで動作
3 体の前の空間が重要

ワキを締めてシュートの勢いを吸収する

ボールをつかんで自分の手の中に収めるプレーをキャッチングという。セービングの中で最も安全性が高く、マイボールにできるため、攻撃につなげる意味でも効果的だ。ボールを確実にキャッチできる技術を身につけよう。ポイントになるのは手の形。両手を開き、それぞれ同じ側の肩の前で構える。このとき、ワキをやや締めることが大切だ。開いているとキャッチし

づらくなる。

キャッチ時には、ボールに対して腕を伸ばし、左右の手を親指がつかないくらいの距離まで近づける。このとき包み込むようにとることがポイント。とった瞬間にヒジを曲げ、シュートの勢いを吸収しよう。

腰よりも低い軌道のボールに対しては、腕を下に伸ばしてキャッチする。ヒザを曲げて腰を落とすことが大切だ。

POINT ❶ 両手を開いて前に出し ワキをやや締める

ボールを待ち構える際は、両手を開いてそれぞれの側の肩の前あたりにあげる。体の前で揃えた状態で、手のひらを正面に向ける。両手の高さなどがズレていると、ボールをこぼす原因になるので注意しよう。加えて、ワキを軽く締めることがポイントになる。

POINT ❷ 手のひらにはめるような イメージで行う

飛んでくるボールの軌道を見極め、それに合わせて手を伸ばす。両手でつくったスペースに、ボールをはめ込むようなイメージで動作する。ボールをとったらヒジを柔軟に使って勢いを吸収し、両手で包んでガッチリとキャッチする。こぼさないように注意しよう。

POINT ❸ 体の前に空間を 充分に空ける

正確にキャッチするためには、ボールと体の間に空間をつくることが重要だ。これにより、ボールの勢いをしっかりと吸収できるようになり、正確につかめる。しかし手を前に出しすぎると、逆にキャッチしづらくなる。自分にとって丁度いい位置を探そう。

プラスワン +1 アドバイス

ヒジと手の 位置に注意する

キャッチ時に、両ヒジが外に開くとミスの原因になりやすい。また、手の位置が一方は前、逆側は後ろなどバラバラになることでもキャッチミスの原因になるので注意。キャッチングはセービングの基礎となる技術なので、しっかりマスターしよう。

片ヒザをついてセーフティにキャッチ

CHECK POINT!
1 重心を低くして待ち構える
2 両手でボールを包み込む
3 倒れ込む方法もある

体を沈めてボールに手を差し出す

　ゴールキーパーは、足元のボールに弱い傾向がある。特に初心者は思わず足が出てしまったり、体を沈めるのに手間取って動作が遅れることがあるだろう。試合でミスしないように、基本のグラウンダーシュートへの対処を身につけよう。

　ポイントは、充分に体を沈めてキャッチすること。**ボールの軌道の正面に入り、片ヒザをついて待ち構える。これにより、**後ろに逸らすことなく手の中に収められる。キャッチする際は、両手を正面に伸ばす。このとき、両腕を揃えるように互いを近づけることが大切。間隔が空いていると、両腕の間からボールを逃す危険があるのだ。最後にボールを胸の前でしっかりと抑える。勢いがあると前にこぼれることがあるので、腕でしっかりと包み込む。

POINT ① 腰を低くして片ヒザを曲げ両腕を伸ばす

重心を低くしながらグラウンダーボールの軌道に入ってボールと正対し、片ヒザを曲げる。これによってボールを後ろに逸らした際にも、ヒザでブロックできるようになる。腰を落としたら、両腕を揃えてまっすぐ手を伸ばす。腕全体で坂道をつくるイメージで行う。

POINT ② 胸元でボールを抱えしっかりとキープ

ボールが両手のひらに乗ったところでヒジを曲げて包み込む。胸と腕でガッチリとキープし、ボールの回転を押さえ込もう。焦って立ちあがるとミスする危険があるので、ボールがストップするまでしっかりキープすることが大切。慎重にプレーしよう。

POINT ③ キャッチ後に倒れ込むとより安全にキープできる

グラウンダーをすくいとった瞬間に、前方にボールを覆うように倒れ込む方法もある。体全体でボールをキープできるため、キャッチ後にこぼす危険が低く、安全性が高い。スピードのあるグラウンダーのシュートなどに対しては、倒れ込む方法を使おう。

プラスワン +1 アドバイス

ヒジが空く・股が開くはNG
重心が後ろもダメ

グラウンダーのボールは、後ろに逸らしてしまうのが最も危険。ヒジが空いていたり股が開いていると、逸らしやすい。速いボールであっても、自分が壁になるイメージで重心を落として構えなくてはならない。後ろ重心にならないように注意することも大切。

バウンドの正面に体を入れてとる

CHECK POINT!
1 ボールの正面に入る
2 バウンド直後にとる
3 胸の前でキープする

ミスしやすいシュートを慎重にキャッチする

シュートはまっすぐ飛んでくるものばかりではない。相手がゴール前でボールがバウンドする軌道で打ってくることもある。これは、処理しづらいシュートでゴールキーパーのミスを誘う。このようなバウンドボールは後ろに逸らすリスクが高く、また触れたとしてもキャッチしづらいので弾いてこぼれ球を拾われる場合がある。正しいキャッチングの技術を身につけ、ピ

ンチを回避しよう。

ポイントは、ボールの正面に入ってキャッチすること。そのためには、軌道に早く反応する必要がある。またボールが高くあがっているタイミングだと弾きやすいので、バウンド直後を狙うことも大切。ピッチの状態が悪いとイレギュラーバウンドで思わぬ方向に跳ねる可能性があるので、最後まで目を離さずプレーしよう。

POINT ❶ ボールの軌道に入り 正面で構える

　バウンドするボールに対しては、その軌道に体を入れて構えることが大切だ。バウンドするとキャッチしづらくなるが、軌道にさえ入ることができれば、仮にキャッチミスしたとしてもボールを体に当てられるため、失点を防げる。ステップで素早く移動しよう。

POINT ❷ 下向きに腕を伸ばし バウンド直後にキャッチ

　ボールの正面に入ったら、下向きに腕を伸ばす。このとき、グラウンダーと同様に両手を揃えることがポイント。キャッチするタイミングは、バウンド直後が理想だ。バウンドしてすぐのタイミングなら、イレギュラーバウンドの影響を受けずにキャッチできる。

POINT ❸ ボールを抱えるように 胸の前でキープする

　キャッチはグラウンダーのボールと同様に、両手でボールを抱えるように行う。胸の前でボールを両手で固定し、こぼれないようにキープする。正面でキャッチできていれば、パワーのあるボールだったとしても、弾くことなく受け止めることができる。

プラスワン +1 アドバイス

手だけを動かす キャッチはNG

　体をボールの正面に入れずに、手だけでボールをキャッチしようとすると、こぼしてしまうので注意が必要だ。最悪の場合、ボールが後ろに逸れて失点してしまう。手だけを動かすのではなく、体全体を動かすことを徹底して動作しよう。

高くジャンプし余力のある高さでキャッチ

CHECK POINT !
1　落下地点に飛び出す
2　腕をあげて飛ぶ
3　8割の高さでとる

落下地点を予測し腕を伸ばす

　サッカーの攻撃戦術のひとつにサイド攻撃がある。名前の通りサイドを起点とする戦術で、ディフェンスにとって守りづらい攻撃であるため、多くのチームが用いる。そのため試合ではクロスがあがるシーンが数多くある。

　ゴールキーパーは、クロスがゴール付近にあがった際には飛び出して対応する必要がある。特に求められるのが、ハイボールのキャッチング技術だ。

　大前提として、ゴールキーパーはハイボールに対してフィールドプレーヤーより有利だ。しかし、その利点は落下地点を正確に見極める力がなければ活かせない。**確実にボールをキャッチできる落下地点予測能力が重要だ。素早い移動から、ピッチを蹴って腕を上に伸ばし、キャッチしよう。**

POINT ① ボールがあがったら落下地点に素早く移動

センタリングやアーリークロスなどでボールがゴール前にあがったら、前に飛び出して落下地点に予測し、その下にポジションをとる。このとき、ペナルティエリア内とはいえゴールから距離があり、ボールに行けないと判断したら正しいポジションをとって、味方に処理を任せる。

POINT ② 腕を上に伸ばしジャンプする

腕を伸ばし、両手を頭上の位置に持ちあげる。このとき、手で視野を遮らないように注意。ボールの落下に合わせてタイミングをとり、腕をあげたままジャンプする。ピッチを蹴る際、コート側のヒザを高く持ちあげると相手選手をブロックできる。

POINT ③ 最高点を100として80くらいの高さでキャッチ

落ちてくるボールを、ジャンプで上昇しているタイミングでキャッチする。最高点が100として、80くらいの高さが望ましい。加えて、頭上ではなく体の前でキャッチすることが大切。これにより、こぼしたとしても体がブロックとなって後ろに逸らす危険が少なくなる。

プラスワン +1 アドバイス

落下点に入り込み過ぎると体がのけ反る

ハイボールはなるべく高いところでキャッチしたい。しかしその意識が強すぎると、落下点に入り込みすぎて、体の真上でボールをつかむ動作になってしまう。体がのけ反った姿勢でのキャッチは、ボールを後ろに逸らしやすいので注意。

倒れ込みながらボールをキャッチする

CHECK POINT！
1 最短距離で飛び込む
2 3点でキャッチする

グラウンダー

バウンド

ボールに向かってナナメにとりに行く

　相手はゴールを狙って、ゴールキーパーのいないコースにシュートしてくる。左右に打たれるシュートに対して、ゴールキーパーは素早く反応してキャッチしなくてはならない。その際、ボールの正面に入ってキャッチできることが理想だが、スピードのあるボールとなると難しい。ステップでは間に合わない場合には、倒れ込んでゴールを守るセービングでボールをとめよう。

　ポイントは、真横に倒れるのではなく、ボールに向かうこと。これによって最短距離でボールに手が届くようになる。そのため、ナナメに倒れ込む動作となる。ゴールのスミに打ち込まれるグラウンダーとバウンドのシュートを、とめる技術を身につけよう。

POINT ① ボールに向かって行く意識で ナナメに飛び込む

グラウンダー

　ゴールのスミに打たれたグラウンダーに対しては、その軌道と自分のポジションから最短距離で飛び込む。これにより、ナナメに飛ぶことになる。飛び込んだところで、両手を開いてキャッチの形をつくり、シュートの軌道上に伸ばす。倒れ込みながらのプレーとなるため、手の形が崩れやすいので注意。キャッチしたら体の前でキープする。

POINT ② バウンドはピッチと両手の 3点でストップ

バウンド

　バウンドボールに対しては、ボールが跳ねるタイミングを見極めて手を伸ばすことが大切だ。浮かんできたところで胸の前で、キャッチングと同じ手の形をつくってボールをつかむ。空中でつかんだボールは、倒れ込むのと同時にピッチに押しつける。これにより、3点でガッチリととめることができるためボールをこぼす危険を避けられる。

横っ飛びしてボールをつかむ

CHECK POINT!
1 ナナメ前に跳ぶ
2 空中でつかむ
3 体側で着地

腕を伸ばして空中でキャッチする

　ゴールの上スミを狙う高い軌道のシュートに対しては、ダイビングキャッチが要求される。横っ飛びしてキャッチングするテクニックで、成功すれば攻守を切り替える好セーブとなる。**腕をシュートコースの軌道上に伸ばし、タイミングを合わせてボールをつかもう。**

　高く跳んで体で着地するため、体に負担のかからない着地動作を身につけるこ

とも大切だ。ポイントは、ボールと体側で同時にピッチにつくこと。これにより、着地の衝撃を分散させることができ、ケガを避けられる。

　なお、シュートにパワーがあるとファンブルする危険がある。その場合には、リスクを避けてパンチング（P44）やディフレクティング（P48）に切り替えて守るべき。より安全性の高いプレーを選択しよう。

POINT ❶ ナナメ前にジャンプして シュートに反応

ステップでは対応できないシュートを打たれたら、横っ飛びで反応する。このとき、ボールを最短距離でキャッチできるようにナナメ前に飛ぶことがポイント。スピードのあるシュートに対しては、ナナメ前でとる意識で動作すると、自然と体の横でのセービングになる。

POINT ❷ 両手を軌道上に伸ばし 空中でキャッチする

ジャンプと同時に腕を、シュートの軌道上に伸ばす。後ろに逸らさないように、両手をしっかりと持っていくようにしよう。シュートを空中でキャッチしたら、手首と腕をやわらかく使って勢いを吸収する。正面でのキャッチングと同じように動作できると成功率がアップする。

POINT ❸ ボールと体側で 同時に着地する

着地は、ジャンプした側の体側とボールを同時にピッチにつけて行う。これが受け身となり、高い位置から落ちる衝撃を分散させることができる。体への負担を減らすことができるので、ケガをしづらくなる。怖がって足から着地すると、かえって危険。

プラスワン +1 アドバイス

体が後方にのけ反らないように 注意して動作する

踏み切りの位置が前過ぎてボールをとらえる位置が後ろになると、キャッチする際に体がのけ反る。ボールをつかみとれず、シュートの勢いに負けて後ろに逸らしてしまう危険があるので、注意しよう。

覆いかぶさるようにボールをキャッチ

CHECK POINT !
1 低重心で飛びつき胸でとるイメージ
2 手をボールにかぶせる
3 ボールを抱えて持つ

転がったボールを素早くマイボールにする

　ピッチ上のボールを、体を投げ出して手をかぶせる形でキャッチするテクニックをフロントダイブという。こぼれ球やパワーのあるシュートを体で止め、前に転がったところを詰めてきた相手フォワードに触れられる前にキャッチする場面で有効。**ポイントは重心を落として低くジャンプし、胸でとるイメージで動作すること。スピードが重要なので、コンパクトに動作しよう。**

　ボールを手でつかんだら、着地姿勢のまま体に引き寄せてボールをキープする。その状態をしばらく保ち、落ち着いたところで起きあがって次のプレーに移ろう。

　フロントダイブの技術が向上すると、1対1の場面でも活用できる。ドリブルが大きい相手に対し、ボールが足から離れたスキをついてシュートさせることなくセーブできるようになるのだ。

POINT ❶ 重心を落とした体勢で低くジャンプする

転がるボールへ素早く距離を詰める。このとき、腰を落とした低重心の姿勢をとることが大切。届く位置まで到達したら、低い姿勢をキープしたまま、ボールに向かってジャンプする。胸でとるようなイメージで、低くジャンプしてキャッチすることがポイントだ。

POINT ❷ ボールの上から手をかぶせる

ボールに対して胸から滑り込むように着地する。つかむ際には、手を上からかぶせる。これにより、ピッチと両手の三点で確実にボールをキープすることができる。勢いあまって、キャッチ時にボールを横に弾いてしまわないように、最後まで目線でとらえよう。

POINT ❸ ボールを抱えてしっかりとキープ

手でつかむことができたら、そのまま倒れ込みボールを体の前に引き寄せて抱える。ボールと体を離してしまうと、詰めてきた相手フォワードに蹴られる危険があるので、腕と体でしっかりとブロックしよう。キープできてはじめて、フロントダイブ成功と言える。

プラスワン +1 アドバイス

上からとりに行くとシュートを決められる

1対1で上からかぶさるように行うと、左右にシュートコースが生まれ相手に決められてしまう。ボールにかぶせるのは手だけで、体は低く動作しよう。低重心ならば、キャッチする前に蹴られたとしても体でボールを弾くことができる。

こぶしで面をつくってボールをとらえる

CHECK POINT!

1 4指で面をつくる
2 腕を伸ばしてとらえる
3 ジャンプして弾く

キャッチしづらいボールをパンチングで弾く

　人が密集するエリアにクロスを放り込まれた場面や、雨天の試合でボールが濡れていて滑るなど、キャッチングをミスする危険がある状況では、より確実なプレーでしのぐべきだ。その際に有効なのがパンチングのテクニック。ボールをこぶしでクリアするプレーで、**ボールの飛ぶ方向を変えることが目的。このとき、サイドの方向にクリアすると効果的だ。**正しい方法で

行えないとボールが思わぬ方向に飛んだり、飛距離が出なかったりと、かえってピンチを招く危険がある。確実にクリアできる技術を身につけよう。

　ポイントは、こぶしの握り方。4指の指の付け根と第二関節をつなぐ部分（基節骨）を揃え、両手を合わせて広い面をくる。これにより、飛んでくるボールをミートしやすくなる。

POINT ❶ 人差し指から小指の 基節骨で面をつくる

　基本となる両手パンチングでは、親指を上にしてこぶしを握り、両手をピッタリと合わせる。このとき、人差し指から小指の4指の基節骨を揃えて、正面から見たとき大きな長方形になるように面をつくる。なお、親指を握り込むとケガの危険があるので注意。

POINT ❷ タイミングを合わせて 腕を伸ばしてパンチ

　インパクト時は、ボールのタイミングに合わせてヒジを伸ばし、ボールを面に当ててクリアする。ボールに勢いがあるので、当てるだけで充分にクリアできる。ミートポイントは、ボールの中央からやや下辺りが良い。

POINT ❸ ジャンプして ナナメ下から突きあげる

　ボールを安全圏まで飛ばすためには、しっかりとボールの中心をとらえることが重要。ナナメ下から突きあげるようなイメージでとらえ、上方向にクリアしよう。クリアは、高く遠くへ飛ばすことが理想だ。正しいポジションに戻る時間をつくることができる。

プラスワン ＋1 アドバイス

腕をスイングすると ミスしやすい

　ボールに対し、コブシを振りかぶって腕をスイングさせると、ミートでミスする危険が高い。ボールを遠くに飛ばそうと意識すると、スイングしたくなるが、振るとミートが難しくなるので注意。まっすぐ手を突き出すことが大切だ。

片腕を伸ばしてボールに早く触れる

CHECK POINT!

1 ポジションを移動しながら構える
2 落下に合わせて腕をあげる
3 ボールを面でインパクトする

ボールの軌道を変えてピンチを回避する

　両手でのパンチングが間に合わなかったり届かない場合には、片手でクリアする。特に密集地帯にクロスボールが落ちてくる場面では、より早く届く片手パンチングが有効だ。また、片手が空くので競り合ってくる相手フォワードを抑えられるメリットもある。インパクト面が小さくなるため、両手のように大きく遠くまでクリアすることは難しいが、ボールの軌道を変えてピンチをしのげる。

　誰よりも早くボールに触れることが目的なので、腕を振らずに動作することがポイント。味方にボールをつなごうとしたり、より遠くに飛ばそうと狙いすぎると、力んでミスしてしまうので、触ることだけを意識する。またボールはさまざまな方向から飛んでくるので、左右の腕で行えるようにマスターしよう。

POINT ❶ 落下地点に入り 片腕を引く

　ボールがあがったら、落下地点に素早くポジションを移動する。同時にパンチングをする側の腕を後方に引いて、準備姿勢をとる。ポジション移動と構えをスムーズに行うことが、パンチング成功のポイントだ。また、ボールから目を離さず動作することも大切。

POINT ❷ タイミングを合わせて 腕を伸ばす

　ボールの落下とタイミングを合わせて、引いていた腕を上に伸ばす。このとき、強くインパクトしようとすると力が入ってミスしやすくなるので、ボールに当てることだけを意識して動作しよう。上達すれば、狙いをつけてパンチングすることも可能だ。

POINT ❸ こぶしの面でとらえ ボールを突きあげる

　両手のパンチングと同じように、4指の基節骨を揃えてこぶしを握り、面でボールをインパクトする。突きあげるようにクリアして、ボールをゴール前から弾き出そう。ミートポイントがボールの下側にならないように、しっかりと目線でとらえて動作する。

プラスワン +1 アドバイス

空いている腕で 相手を押さえる

　片手パンチングを試合で繰り出す際には、ボールをクリアしない側の腕も有効利用する。逆側の腕をあげて構えれば、競り合ってくる相手フォワードをブロックすることができるので、パンチする腕の振りかぶりと同時に持ちあげよう。

手のひらでボールを押し出す

CHECK POINT!
1. 手を開いて伸ばす
2. 横方向に勢いよく飛び込む
3. ボールの進む方向を変える

精度の高いシュートをギリギリでセーブする

　ディフレクティングとは、シュートを手で弾いてゴールを死守するセービング技術だ。キャッチングやパンチングで対応できないコースを狙ったシュートを、ギリギリで食い止めるプレーとなる。**横っ飛びしながら片腕を伸ばし、開いた手のひらでボールに触れ、シュートの軌道をゴールの外側へ変えよう。**

　インパクトは、手のひらでボールを押し出すようなイメージで行う。ボールを前に落とすと相手フォワードに詰められて失点する危険があるので注意が必要だ。しっかりと横方向に押し出そう。

　シュートによっては手のひらでとらえられない場合もある。その際には指を使って軌道を変えよう。精度の高いシュートからゴールを守ってチームを救おう。

POINT ❶ 手のひらを大きく開いて ボールに触れる

ディフレクティングは精度の高いシュートで、コースを狙われたピンチの場面で使う技術。ほんの少しでもボールに触れて瀬戸際で失点を阻止するために、手を最も大きくなるように開く。指先をピンと伸ばす数cmが、チームを失点の危機から救うのだ。

POINT ❷ 足でピッチを蹴り 横っ飛び

シュートの方向に重心を置き、体重が乗ったところでピッチを蹴って横方向に飛ぶ。この動作と同時に、シュート方向の腕を伸ばす。そのためにはボールを目線でとらえて、タイミングを合わせることが大切。ボールに意識を集中させて横っ飛びしよう。

POINT ❸ ボールをとらえて 進む方向を変える

インパクト時には、ボールの進む方向を変えることを意識して動作する。横に押し出して、シュートがゴールに入らない軌道へと変化させ、ゴールを死守する。指先までしっかりと伸ばし、ゴールのスミを狙うシュートをとめよう。

プラスワン ＋1 アドバイス

手の平の中央で ミートして横に弾く

ボールを横に弾くためには、手の平の中央でとらえることが大切。これにより、ボールを自由に操作できるようになる。ミートポイントが手のつけ根あたりになると、前に転がってしまい、相手に詰められてシュートを打たれる。

両手で確実にボールをとらえて弾く

CHECK POINT!
1. 両手でとらえる
2. ボールの軌道を変える
3. ボールを下に落とす

強いシュートを安全にセーブする

パワーのあるミドルシュートは、キャッチを狙うとファンブルしてしまう危険がある。ボールを前に落としてしまうと、詰めてきた相手フォワードに拾われてシュートを打たれるので、キャッチミスを避けるために、ディフレクティングで軌道を変える選択をしよう。このとき、**両手で行った方が片手よりもセーブする幅が増えるので効果的。両手を開いて構え、確実にとら**えよう。

両手のディフレクティングは無回転シュートにも有効だ。不規則に変化する無回転シュートはキャッチが難しく、パンチングもミスしやすいため、よりボールをとらえやすいプレーでセーブしよう。無回転シュートを得意とする相手選手がフリーキックのキッカーになった場面では、警戒心を強く持って準備しよう。

POINT ① 両手を揃えて ボールをとらえる

　シュートに対して、両手を運びセーブする。このとき、片手でのディフレクティングと同様に手のひらを開く。なお、両手の間隔が遠いと後ろに逸らしてしまう危険があるので注意する。片手になりやすいので、両手で動作できるように意識しよう。

POINT ② 手首のスナップを使い ボールをかき出す

　ボールをとらえた瞬間に、手首のスナップで外側へ軌道を変える。なお、手のひらを正面に向けていると、ボールが前に転がりピンチになるので、角度をつけてセーブすることが大切だ。

POINT ③ 正面のボールを下に落とす

　ボールが滑る雨天の試合は、キャッチングをミスする危険が高い。そのような状況では例え正面のシュートでも、ボールを真下にディフレクティングしてバウンドさせ、勢いを消してキャッチしよう。相手の状況などを見て、2回でキャッチするのか弾くのか判断しよう。

フィスティングでボールの軌道を変える

CHECK POINT!
1　ボールを見ながらステップ
2　ボール側の手でとらえる
3　上に弾いてシュートの軌道を変える

頭上のボールを追いかけて片腕で触れる

　頭上を狙うループシュートや、サイドから切れ込んできた相手の回転をかけた曲がるシュートは、軌道が高いためキャッチしづらい。その際には、フィスティングで対応すると効果的。ボールに向かって片腕を伸ばし、手のひらで触れて軌道を変えるテクニックだ。バーの上を通過するようにシュートの軌道を変えることができれば、ピンチを脱することができる。

　厳しい体勢でのプレーになるが、力はいらないのでボールに触ることに集中して動作しよう。**ポイントは、しっかりボールを見て押し出す位置。顔の前でボールに触れることができるように意識しよう。**

　またフィスティングは、ゴールに近いところに落ちてくるクロスの対応としても効果的なので活用しよう。

POINT ❶ ボールの軌道に合わせてステップする

　高い軌道で飛んでくるボールを、バックステップで追う。ボールを目線でとらえながら動作し、落下点を予測しよう。バーギリギリのシュートならばフィスティングするしかないが、場所によってはキャッチングも可能なので、軌道を見て瞬時にプレーを判断しよう。

POINT ❷ ボール側の手で触れ軌道を変化させる

　飛んでくるボールに向かって後ろの足で踏み切ってジャンプし、ボール側の腕を伸ばして手で触れる。手はディフレクティングと同じように大きく開く。ギリギリのボールでは、指一本でシュートコースを変える場合もあるので、しっかりと伸ばそう。

POINT ❸ 上に弾いてゴールを守る

　ボールを下から突きあげるようにフィスティングし、ゴールに入る軌道からバーの上を通過する軌道に変えて失点を防ぐ。そのため、大きく弾く必要はない。ボールを手に乗せるようにしてミートする。ボールの飛ぶ方向を変えるだけ、という意識で行う。

プラスワン +1 アドバイス

間に合わなかったら逆側の腕でとらえる

　顔の前でボールをとらえることができるため、フィスティングはボール側の腕で行うのがセオリーだ。しかし、ギリギリのところでとめなくてはならない場面ではボール側の腕では間に合わないので、逆側の腕の準備もしておく。

曲げたヒザを伸ばして足で防ぐ

CHECK POINT！
1 足でセーブする
2 ヒザを伸ばしてとらえる
3 足は振らずに当てるだけ

低く足元にくる速いシュートには足で対応する方が効果的な場合がある

足元のコースを狙ったグラウンダーのシュートは、通常ならば手でディフレクティングするが、スピードが速いと間に合わない。その場合は、足を使ってディフレクティングを行おう。ボールとの距離が近いので、反応から素早く弾き出すことができる。**ポイントは重心を落とした姿勢から、曲げたヒザを伸ばして足をボールにぶつけること。**シュートのコースに足を伸ばして防ぐが、しっかりボールに当たらないと、後方に跳ねてそのままゴールに入ってしまうので注意しよう。当て損じないように足を振らずに動作し、ボールの中心付近をとらえることが重要だ。

最初から足でディフレクティングしようとすると、体が後傾する。これは反応しづらい姿勢なので、NGだ。

PART **3**

シチュエーション別の守り方

低く構えて間合いを詰める

CHECK POINT!
1 間合いを詰める
2 シュートの角度をなくす
3 股抜きシュートをとめる

ボール保持者にプレッシャーをかける

　ドリブルでディフェンスラインを突破され、相手ボール保持者に1対1の状況に持ち込まれたピンチの場面では、まず第一に間合いを詰めてシュートコースを狭めることを考える。ゴールライン付近にポジションをとっていると無数のシュートコースを与えることになるので、**シュートの出どころに近づいて角度をなくすのだ。この飛び出しには、プレッシャーをかけて**ミスを誘発する効果もある。ただ、不用意に突っ込むとかわされるので慌てず冷静にプレーすることが大切だ。

　このとき、普段よりもさらに重心を落として構える。間合いを詰めることができればシュートコースを狭められるので、反応を意識すれば良い。正しい構えをとって、絶体絶命のピンチを回避しよう。その際、相手に寄せるタイミングに注意する。

POINT ❶ 1対1になったら前に出る

　ディフェンスラインが突破を許したら、前に出る。このときの間合いは、ボールに飛び込める距離だ。足からボールが離れた瞬間に動くことがポイントで、これによりかわされる危険を回避できる。ボールが足についているときは、構えをとってシュートに備える。

POINT ❷ 距離を縮めることでシュートコースを狭める

　間合いを詰めることによって、シュートを打てる角度を狭めることができる。近づけばそれだけ、相手は厳しいコースに打たなくてはならず、ミスしやすくなるのだ。ポイントは、ボールに対して正面に立つこと。どちらかが空いていると、その方向に打たれる。

POINT ❸ 股抜きシュートに注意して守る

　腰を低く落としている構えなので、両足の幅が大きく開いた姿勢となる。そのため、シュートコースがなくなった相手は、股抜きを狙ってくる場合があるので警戒しよう。股抜きシュートが来たら、素早い反応からヒザをピッチにつけ、シュートを弾き返す。

プラスワン +1 アドバイス

腰があがるとシュートを決められやすい

　シュートを打たれる瞬間に、腰をあげてしまうと、左右にシュートコースが生まれゴールに流し込まれてしまう。腰を低くキープしよう。また、重心が後ろになると反応速度が遅くなり、シュートやドリブルに対応できなくなるので注意。

エリア外からのシュートに対応する

CHECK POINT!
1 通常のポジションに戻る
2 相手の動きで予測する
3 安全にセービングする

ポジションを微調整して準備する

　ペナルティエリア外から打たれる距離の長いシュートをミドルシュートという。ミドルシュートは、相手との間合いを詰められず、ボール保持者からのパスやドリブルもケアしなければならないため、危険が高い。**ゴールを守るためには、ボールの動きに合わせてポジションを微調整することが大切だ。**常に予測と準備ができていれば、どのタイミングで打たれたとし

ても反応することができる。このとき、体は自然体で構えることを意識しよう。慌てたりしないで、しっかり予測する。

　強いシュートのセービングは、ディフレクティングで行うのがベター。パワーとスピードのあるシュートが飛んでくるので、安全性を重視する。シュートミスなどで余裕がある場面なら、キャッチングも可。

POINT ❶ カバーをやめて通常の ポジションに戻る

　バイタルエリア付近でボールを持たれている状況では、ゴールキーパーはディフェンスラインの裏のスペースをカバーするためにやや前にポジションをとる。しかし、シュートがくると判断したら、予測しながら通常ポジションをとる。

POINT ❷ 相手ボール保持者の 動きを見て予測する

　ミドルシュートを防ぐためには、ボールを持つ相手選手の動きをよく見て、動きを予測することがポイントだ。しっかりと目線でとらえ、シュートコースが空いていないか、などをよく見る。打ってくるタイミングがわかれば、準備して待ち構えることができる。

POINT ❸ より安全性の高い セービングで守る

　相手は速く強いボールでゴールを狙ってくる。キャッチングが難しい場合は安全性の高いディフレクティングを選択し、確実にボールを弾き出そう。このとき、相手フォワードがこぼれ球を拾おうと詰めてくるので、ボールを前にこぼさないように注意する。

プラスワン +1 アドバイス

軌道を見て ジャッジする

　ミドルシュートは相手がワクを外すことも多い。無理に触って外れたシュートをコーナーキックにしてしまうのはもったいないので、軌道をジャッジしよう。ボールを目で見るだけではなく、体をボールの方向へ運んで見極めることが大切。

ニアポストに寄ってシュートを弾く

相手ボール保持者

CHECK POINT！

1 ニアに寄って構える
2 タイミングを合わせる
3 利き足を確認する

角度のないシュートを体でセーブする

　サイドの相手ボール保持者がドリブルでペナルティエリアに侵入してきた場面では、**ボールとゴールの中心を結ぶ線上に正しくポジショニングし、ニアのシュートコースを狭める。これによって、ボール保持者の選択肢を少なくすることができる。**

　なお、ボール保持者を意識するあまりに、ボールのみを見るだけになってしまうことがあるので注意しよう。シュートだけになると、パスを逆サイドに出された際に反応できなくなる。

　ボールを待ち構えるような意識を持って、正しいポジショニングをしよう。冷静さを保って、的確な対処をすることが大切だ。

POINT ❶ ニアポストに寄って ポジションをとる

　サイドから切り込んできたら、ボールの位置に合わせてポジショニングする。ゴール内の中央の点と、ボールを結ぶ線上のポジションがセオリーだ。ニアポストに寄ることになりファーのコースが空くことになる。相手のフォーム、味方のディフェンスの位置で予測、準備をしよう。

POINT ❷ ボール・相手とタイミングを 合わせて前に出る

　この状況では前に出てポジションをとる。その際には、相手・ボールとタイミングを合わせてやや前に出る。相手がヘッドダウン（下を向いている）している瞬間を見計らって前に出ることがポイント。これにより、シュートに対してとまった状態で反応できる。

POINT ❸ ボールの移動に合わせて ステップする

　サイドから切り込んでくるボール保持者は、どの位置からシュートしてくるかわからない。早めに打ってくることがあれば、深く切り込んでくる場合もある。いつシュートされても反応できるように、移動に合わせてサイドステップでポジショニングしよう。

プラスワン ＋1 アドバイス

ニアポストなどを使って ポジショニングする

　サイドステップで移動すると、ニアが空きやすくなるので、正しいポジションをしっかりと確認する。その際に、ニアポストやペナルティマークなどを目安にする感覚を持とう。ボールばかりでなく、さまざまな要素からポジショニングすることが大切だ。

サイドからのボールを処理する

CHECK POINT!
1 中と逆サイドの状況を確認して弾く
2 低いクロスを処理
3 アーリーに対処

©TOKYO VERDY

クロスボールを予測して対処する

サイドからボールを入れて、ディフェンスの視野をボールとマーク選手に分散させゴールを狙うクロスは、オフェンスの有効なプレーだ。ゴールキーパーは一試合に幾度も繰り出されるクロスを、処理してゴールを守なければいけない。

クロッサーの位置、コントロールする位置、球種、スピードなどによってクロスの球筋は変化する。ゴールキーパーは、これらの要素からどのようなボールが飛んでくるか予測する必要がある。また相手フォワードにヘディングに強いターゲットマンがいれば、その選手を基準にして考えるのも良いだろう。

ペナルティエリア内と逆サイドの状況を確認することも重要だ。相手選手のいる位置に弾くとピンチが続くので、クロスがあがるまえに確認しておく。

状況確認して浮き球のクロスボールを処理する

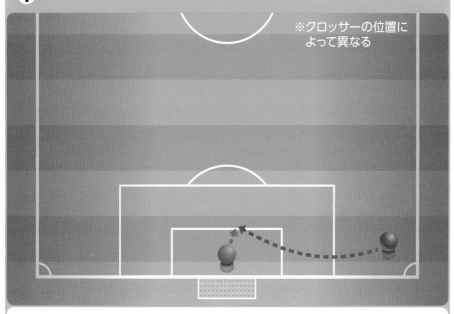

※クロッサーの位置に
よって異なる

　相手ボール保持者がサイドを突破したら、ボールのあるサイドに寄った状態でゴールラインからやや前に出る。ゴールの角度がなくなるため、シュートの可能性は低くなるので、クロスを警戒するポジショニングをしよう。このとき、ペナルティエリア内の状況を確認し、相手選手の人数やスペースを把握する。

　ボールがあがったら、それがニアであれファーであれ、ボールに対してまっすぐ進む。手を使える分、競り合いでは有利なので、素早く落下点に入ることができれば守備の成功率があがる。ボールが落ちてきたところでジャンプし、パンチングかフィスティングで弾く。余裕があればキャッチングしよう。飛び出すには遠すぎる軌道の場合は、ゴールラインの前で構え、ヘディングシュートを警戒する。

プラスワン **+1** アドバイス

ややニアに寄って
ポジションをとる

　速いクロスがニアに入ってきそうな場合、中央にポジションをとっていると対応できないので、ややニアボストに寄る。ファーにあがったとしても、距離が長いクロスは滞空時間も長いので、落ちてくるまでの間に落下点に入れる可能性が高い。

グラウンダーのクロスを処理する

※クロッサーの位置に
よって異なる

　ボールを転がすように低い軌道で、サイドからペナルティエリアに蹴り入れるグラウンダーのクロスは、シュートのようなスピードが特徴で、足で合わされるとなす術なく失点してしまう。また、味方の足に当たってオウンゴールすることもあるため、注意が必要だ。

　グラウンダーは、相手ボール保持者がゴールライン際まで突破してきた場面で入れられることが多い。クロッサーはマイナス気味の軌道で、ゴールキーパーとディフェンスの間を狙ってくる。相手選手に先に触られると失点するので、離れて行くボールをクリアしよう。そのため、素早く反応できるようにニアポストに寄って準備しよう。そのまま突破してきた場合には、間合いを詰める。

プラスワン +1 アドバイス

ゴールと反対側の足に体重を乗せる

　マイナスのクロスに対してすぐさま飛び出していけるように、ボールと正対している姿勢でゴールと反対側になる足に体重を乗せる。これによって、飛び出す準備ができ、動作が速くなる。

POINT ③ アーリークロスを処理する

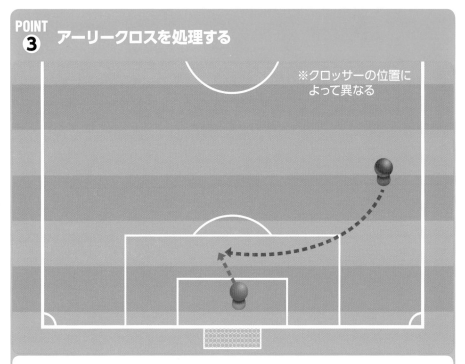

※クロッサーの位置に
よって異なる

通常のクロスは、ある程度深い位置まで突破した場面で、ゴールラインと平行に近い軌道であげるものが多い。しかし、浅い位置からナナメにクロスをあげられる場合もある。これをアーリークロスといい、ディフェンスが準備を整える前にボールを入れられるため危険なプレーだ。

アーリークロスの対応として大切なのは、クロスをあげられる前にペナルティエリア内の敵味方のポジションを把握しておくこと。クロッサーは多くの場合、ゴール前にボールを入れてくるので、状況を把握して飛び出して処理できるかどうかを判断する。自分で処理できない場合は、ゴールラインの近くに下がり正しいポジションをとる。味方はボールとオフェンスを見るためゴールに背を向けている状況なので、しっかりコーチングしよう。

プラスワン ＋1 アドバイス

やや前に出て
クロッサーを観察

クロスが入る直前に、普段より前のポジションに移動して待ち構える。このとき、クロッサーが下を向いてボールを見る（ヘッドダウン）前に動いてしまうと、逆をつかれてゴールを狙われる。フォームに入ったところで動き出そう。

効果的な壁でシュートコースを限定する

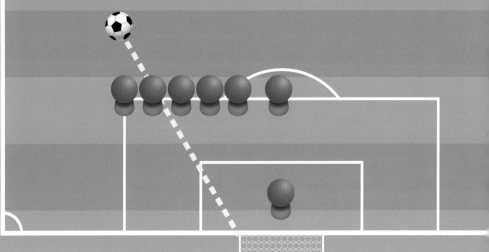

5枚プラス1枚の壁でシュートを阻む

　ペナルティエリア付近からのフリーキックは、直接ゴールを狙われる危険なプレー。レベルの高いキッカーは、さまざまな球種でコースを正確に蹴り分けてくるので、反応だけで勝負するのは危険だ。ゴールを死守するためには、蹴られる前の準備である壁の形成が重要になる。壁は、直接シュート圏内では5枚並べるのがセオリー。その際、**最も身長の高い選手を**ボールとニアポストをつなぐライン上に置くことがポイントだ。これにより、ニアのコースをふさぐ。加えて、ファー側にプラス1枚、やや離れたところに立たせるとさらに効果的。

　ゴールキーパーはゴールラインの中央で、ニアとファー両方に反応できる位置に立つのが基本だが、相手との駆け引きで位置を変えるのも手だ。

POINT ① 高身長の味方を壁の ニア側2番目に配置

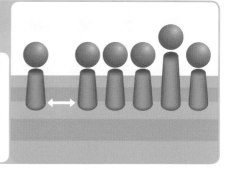

　近距離のフリーキックで壁をつくる際には、ボールとニアポストをつなぐライン上に高身長の味方を配置し、そのさらにニア側にプラス1枚、ファー側に残りの選手を並べる。これにより、高身長の味方が壁の2枚目になり、ニアのコースを切る役目を担う。

POINT ② 2枚目の壁に 足を開かせて確認する

　壁を正確に配置するために、基準となる2枚目の壁の選手に足を開かせる。これにより、ボールとゴールポストを結ぶ線上に2枚目が立っているか確認することができる。微調整しながら、効果的な壁を形成しよう。

POINT ③ ファーポストとボールを つなぐ線上にプラス1枚

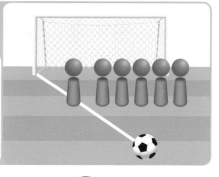

　近距離のフリーキックでは、ファーにパワーのあるシュートを打たれる可能性があるので、ファー側にプラス1枚の選手をファーポストとボールを結ぶライン上に立たせると効果的だ。これにより、シュートのコースをふさぐことができる。

プラスワン +1 アドバイス

ゴールライン中央に立ち シュートに反応する

　壁でニアを重点的にケアしているとはいえ、レベルの高いキッカーはその上を通してくるので、ニア・ファー両方に対応できるように、ゴールラインの中央あたりにポジションをとる。キッカーとの駆け引きによって、やや変更しても良い。

クロスを意識しつつ壁でシュートを警戒

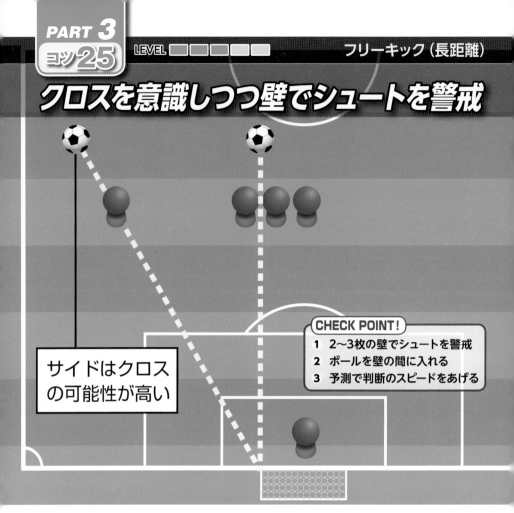

サイドはクロス
の可能性が高い

CHECK POINT！
1　2〜3枚の壁でシュートを警戒
2　ボールを壁の間に入れる
3　予測で判断のスピードをあげる

壁の枚数を減らしてボールの正面に配置

　ペナルティエリアから距離のある位置からのフリーキックでは、相手チームはクロスをあげてくる可能性が高い。ペナルティエリア内にフォワードなど高さのある選手を配置し、フリーキックから間接的にゴールを狙ってくる。特に、サイドからのフリーキックでその傾向が強い。そのため、壁の枚数は1枚でOKだ。壁よりペナルティエリア内の枚数を増や

して、クロスに対応するべき。なおクロスの可能性が高い場面で、キッカーが2人の場合は、壁を2枚にすると良い。

　しかし**相手チームに長距離の直接フリーキックを決められる選手がいる場合は、シュートにも警戒しなければならない。**ボールの位置にもよるが、壁を2〜3枚に増やしてボールの正面に並べて、シュートをブロックしよう。

POINT ① 直接がある場面では 2〜3枚の壁を配置する

長距離のフリーキックを直接狙うことができるキッカーが相手チームにいたら、シュートの可能性を考えて壁の枚数を2〜3枚に増やす。パワーのあるフリーキッカーがいない場合には、1枚をボールの前に立たせるだけでも良い。その分、ゴール前を厚くする。

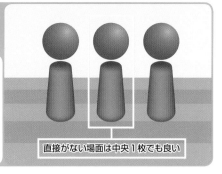

直接がない場面は中央1枚でも良い

POINT ② ボールを1枚目と 2枚目の間に入れる

近距離のフリーキックでは、ボールとニアポストを結ぶ線上に壁の2枚目を立たせたが、長距離の場合は1枚目と2枚目の間に線が通るように配置する。なお、キッカーの人数によって壁の枚数を変えることもある。

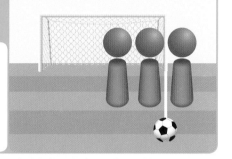

POINT ③ クロスとシュートを予測し 判断を早くする

キッカーが蹴る前に、シュートやクロスなどを予測する。その上でフリーキックのインパクトの瞬間にシュートとクロスの判断をし、高さやコース、スピードに合わせて反応しよう。シュートの場合、選手に当たって軌道が変わる可能性があるので注意。先に動かないようにすることも大切だ。

プラスワン (+1) アドバイス

壁をつくる際には ポストに立って指示

壁はポストとの関係性が非常に重要なので、ゴールキーパーは壁に指示を出す際には、ポストに立って壁の位置を見る。声や手を使って微調整し、ズレがないように正しく配置しよう。指示は、近距離でも長距離でも共通して必要になる。

コーナーからのクロスに対応する

CHECK POINT!
1　味方にニアを任せる
2　インスイングを警戒する
3　アウトスイングを処理する

©TOKYO VERDY

不用意に飛び出さず味方と連携して守る

　コーナーアークからボールを蹴り入れるコーナーキックは、相手がペナルティエリア内に自由に選手を配置してクロスをあげてくるため、危険が高い。ゴールを守るためには蹴り込まれる前の準備が必要で、5～6人ほどいる相手選手に対してマンツーマンかゾーンでしっかりとつくことが大切。加えて、ニアポストに一人立たせる。これにより、ニアのクロスや直接ボールを狙うボールを味方選手に処理してもらえるようになるため、ゴールキーパーがファーを重点的に守ることができる。

　クロスボールへの対応のポイントは、**ゴールラインの手前のややファーに寄ったポジションから、いち早く予測して判断すること。自分で処理できるボールと判断したら、積極的に前に出て行く。**

POINT ① ニアポストに 味方を立たせる

オフェンスの枚数に関わらず、ニアポストに味方を一人立たせることがコーナーキックのセオリーだ。これにより、低い軌道やニアを狙うクロスを跳ね返してもらえるようになるため、ゴールキーパーはファーへのクロスに集中して守ることができる。

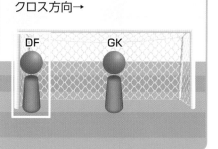

クロス方向→

DF　GK

POINT ② インスイングではポストの 延長線上でクリアさせる

インスイングのキッカーがコーナーキックを蹴る場面では、ニアポストの延長線上に味方を配置し、クリアを狙わせる。この位置はゴールキーパーにとって最も出づらく、失点の可能性が高いので、ケアする必要があるのだ。これにより、ゴールキーパーはクロスに対して出て行きやすくなるなど、狙いやすくなる。

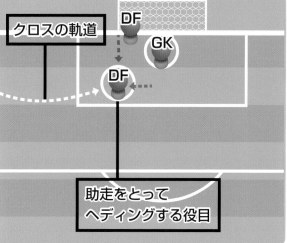

クロスの軌道

DF

GK

DF

助走をとって ヘディングする役目

POINT ③ アウトスイングでは やや前に出る

アウトスイングの軌道はゴールから離れていく軌道なので、ニアポストの延長線上に立たせる味方を、ゴールエリアのライン上に右足がかかる程度の位置に配置。これにより、インスイングの場合と同様に、危険なエリアをケアできる。ゴールキーパーはやや前に出て、クロスを狙うと良い。

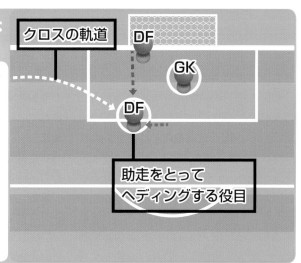

クロスの軌道　DF

GK

DF

助走をとって ヘディングする役目

味方を使ってターゲットマンを抑え込む

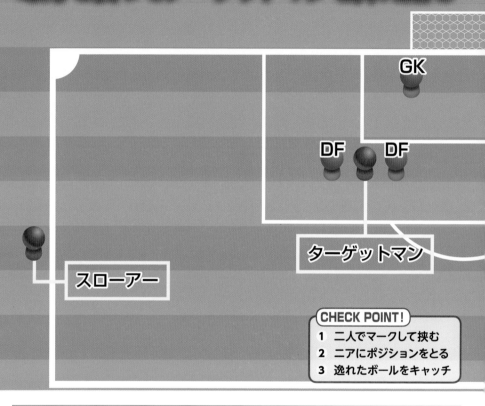

GK

DF　DF

ターゲットマン

スローアー

CHECK POINT!
1　二人でマークして挟む
2　ニアにポジションをとる
3　逸れたボールをキャッチ

ロングスローを処理して危険を回避

　精度の高い中距離のパスをスローインで入れることができるロングスローは、深い位置で投げ込まれるとクロスを入れられるも同然であるため危険だ。ヘディングシュートに持ち込まれないように守るためには、ニアに立ってターゲットマンとなる相手フォワードを事前に抑え込んでおく必要がある。**ロングスローが投げ込まれる前に味方に指示し、二人の選手でター**ゲットマンを挟もう。これにより自由に動けなくなるため、シュートに持ち込めなくなる。ヘディングされたとしても後ろに逸らす程度なので、落ち着いてキャッチングしボールをキープしよう。

　また、一人の味方にターゲットマンをマークさせ、ロングスローが入った瞬間にディフェンスのフリーマンにしていた味方にクリアさせる方法もある。

POINT ① ターゲットマンを二人で前後からマーク

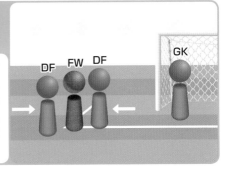

　ロングスローのターゲットとなる選手（ターゲットマン）に対し、二人のディフェンスをつけてマークする。このとき、ボール側の選手がターゲットマンの前でカットできることが理想なので、ゴール側のディフェンスとゴールキーパーが指示してサポートする。

POINT ② ニアに寄って立ちヘディングを警戒

　ヘディングでシュートを狙ってくることを想定して、ニアに寄ってポジションをとり、シュートのこぼれなどを待ち構える。厳しいコースにコントロールしてくる場合もあるので、素早く反応できる構えをとろう。

POINT ③ 後ろに逸れたボールをキャッチ

　二人のディフェンスでがっちりとマークしているので、後ろに逸れるなどしたボールをキャッチングしよう。ほかの相手選手の走り込みに警戒し、周辺状況を確認しつつキャッチする。

プラスワン +1 アドバイス

一人がマークもう一人がフリーマンになる

　一人が後ろからマークについて動きを抑え、もう一人はフリーマンとなる方法もある。投げ込まれたボールを、フリーマンがクリアする。フリーマンになることで自由に助走できるようになるため、ハイジャンプが可能になるのだ。

スローインの軌道

シュートを予測してPKストップを狙う

CHECK POINT!
1 試合のなかで特徴を分析
2 相手が蹴るまでは横移動のみ可能
3 プレッシャーを増大させる

シューターをよく観察してコースを読む

ペナルティキックはゴールラインから11mの位置にあるペナルティマークにセットしたボールをシュートされるため、ゴールキーパーにとって難しいプレー。近い位置から蹴り込まれるためインパクト後では反応できないので、PKストップの成功にはコースを読む能力が不可欠だ。シューターのタイプによって予測したり、助走や目線も観察して読みの材料にしよう。

構える位置は中央がセオリー。その際、手を広げるなどして体を大きく見せると、プレッシャーをかけることができる。シューターにとって打ちづらい雰囲気を出して、ミスを誘おう。

なお、ペナルティキックでは相手が蹴るまでゴールライン上にいなければならないので、前に出ないように注意。

POINT ❶ 相手の特徴を試合のなかで分析して判断材料にする

相手の特徴を知ることが成功のカギ

　ペナルティキックをとめるためには、相手の特徴を知ることが大切だ。試合のなかで、技術がある選手なのか、パワーのある選手なのか、などを分析して判断の材料にする。事前情報があれば、試合前にしっかりとチェックし、まとめておく。

POINT ❷ ゴールキーパーは蹴る瞬間までゴールライン上でのみ移動

相手が蹴るまでライン上から前に出ない

　ペナルティキックのルールとして、ゴールキーパーはキックの瞬間までゴールライン上から前に出てはいけないので注意しよう。逆にいえば横移動ならば可能なので、やや一方に寄るなどして駆け引きできる。意表をついて、相手を惑わそう

POINT ❸ 体を大きく見せてプレッシャーをかける

プレッシャーをかけることを意識する

　ペナルティキックはシューターが有利だが、それだけに相手はプレッシャーを感じている。その重圧を増大させ、ミスを誘おう。両手を左右に広げるなどすると有効だ。メンタル面の駆け引きで、優位に立とう。

プラスワン +1 アドバイス

自分の雰囲気に相手を持っていく工夫をする

相手のメンタルを乱す工夫をする

　ペナルティキックになったらキッカーにボールを手渡ししたり、蹴る前に声をかけるなどして、自分の雰囲気に相手を飲み込むと良い。また、キッカーの目を見ることも、プレッシャーをかけるために有効な手のひとつ。

効果的なコーチングをする方法

チームメイトと信頼関係を築く

　コーチングはゴールキーパーに必須のプレーだ。味方に声をかけ、相手オフェンスに対しての効果的な守備を指示できれば、シュートを打たせることなくピンチをしのげる。打たれたとしても、コースを限定できていれば難なく防ぐことができるだろう。極端にいえば、シュートストップの力がそれほどなくても、コーチングさえうまければゴールを守ることができる。

　効果的なコーチングをするために大切なのは、味方とのコミュニケーションだ。「後ろ来てるぞ!」「タテを切れ!」など、端的にわかりやすく伝えることはもちろん、好プレーをした味方に「ナイス!」、失点後に「切り替えろ!」とチームを鼓舞する言葉がけをする。これによってチームメイトと信頼関係を築くことができ、味方がコーチングに耳を澄ますようになって、指示に対して迷いなく動いてくれるようになる。ただ指示を出すのではなく、「味方と協力して守るんだ」という意識を持って、コミュニケーションをとりながらコーチングを行おう。

PART **4**

攻撃の組み立てに参加する

インサイドキックで正確につなぐ

CHECK POINT!
1 足元にとめずいつでもキックできる位置にトラップ
2 軸足をボールの横に踏み込む
3 ボールの中心をとらえる

足元の技術を磨いてパス回しに参加する

　現代サッカーでは、ゴールキーパーがボールに触れる機会が多い。セービングのほかに、バックパスを受けてパス回しに参加するなど、足元でプレーする場面が数多くあるのだ。そのため、**ゴールキーパーにもフィールドプレーヤー並のキック技術が要求される。なかでも、トラップからの正確なショートパスは必須**だ。詰めてくる相手からのプレッシャーをかわしつつ、正確につなぐパスを身につけよう。その際に有効なのが、インサイドキック。安全性の高いキックがベストなのだ。

　技術が向上すればダイレクトでパスを出せたり、ゴールから中盤へ一気につなげられるようになる。足元の能力をアップして、最後方から攻撃にスイッチを入れられるゴールキーパーになろう。

POINT ❶ いつでもキックできる位置に ボールをトラップ

バックパスが回ってきたら、ボールの正面に移動して待ち構える。足を横向きにして、ボールをタッチする。ヒザを柔軟にすることが、正確にトラップするポイント。ボールを置く位置のセオリーは体の近く、いつでもパス・クリアできるところだ。

POINT ❷ パスを出す方向に向き直し 軸足を踏み込む

トラップしたら、パスを出す味方がいる方向に体の正面を向ける。同時に、軸足をボールの横に踏み込む。このとき、ツマ先をコントロールしたい方向に向ける。踏み込んだところで、蹴り足をツマ先を外側に向けて後方に振りかぶる。足首をしっかり固定しよう。

POINT ❸ ボールの 中央をインパクト

足の広い面でとらえることで、正確にコントロールできる。ミートポイントはボールの中央だ。下を叩いてしまうと、軌道が浮くので注意が必要。芯をとらえてスピードのあるパスを出し、攻撃のスイッチを入れよう。

プラスワン +1 アドバイス

逆足もマスターし フィード能力アップ

逆足でもパスを出せると、相手フォワードのプレッシャーをかわしやすくなるなど、有効な武器になる。利き足と同じ精度で出せるレベルを目指して練習しよう。ショートパスを身につけたら、逆足でのロングパスにもトライ。

フィードで攻撃の始点となる

CHECK POINT！

1　サイドに出すパススピード・ボールの質が大切
2　ボランチに出せることもある
3　状況判断してから行う

サイドにパスを出して安全につなぐ

　ゴールキーパーが味方にパスをつなぐプレーをフィードという。ショートパスを用いる短い距離のフィードでは、敵陣までボールをつなぐことはできないが、その後の攻撃を展開する上で質の高いパスは欠かせない。出す位置のセオリーは、自陣のサイドだ。正面にパスすると人が密集する中央のエリアに出すことになり、相手に奪われる危険があがるので、

狙える場合のみ狙い、リスクは避ける。**サイドに出せば、すぐに受け手が前を向いて敵陣に運び出せるため、攻撃の面でも有効だ。**

　中央のボランチ周辺にスペースがあれば、タテパスも有効な手段。高い位置へのパスで攻撃にスイッチを入れられるので、その後の展開にバリエーションが広がる。短いパスでボールを渡すのも手だ。

POINT ❶ 安全性の高い サイドに展開する

ショートパスでのフィードでは、まずサイドへの展開がセオリー。そのため、サイドバックか左右のストッパー、降りてきたサイドハーフへのパスとなる。

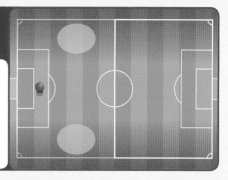

POINT ❷ タテが空いていたら ボランチにパス

セオリーはサイドだが、相手が敵陣に引いていたり中央が空いている場面では、中盤の底にポジションをとるボランチにショートパスを出そう。展開力の高い選手が担うことが多いポジションであるため、直接つなぐことでより効果的な攻撃的展開が可能になる。

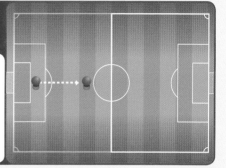

POINT ❸ 相手チームの 動きを見てパスする

フィードのセオリーは相手チームも心得ているので、ボール奪取を狙っている場合がある。状況把握を怠ると、パスの受け手がインターセプトされたりアプローチを受ける危険があるので、ボールがくる前に状況を把握し、その後に判断する。

プラスワン +1 アドバイス

ダイレクトで パスする技術をマスター

バックパスをトラップする余裕がない場面では、ダイレクトでパスする。成功させるためには、自チームがボールを持っている時間帯も状況把握をし続け、パスが来る前にダイレクトの判断ができていることが大切。キックする際には、ボールの軌道を見てタイミングよく軸足を踏み込もう。

ボールを浮かせて遠くに飛ばす

CHECK POINT！
1　インフロントキックで蹴る
2　インステップキックで飛ばす

バックパスを受け前線にいる味方へつなぐ

　相手チームが高い位置からプレッシャーをかけるハイプレス戦術をとってきた場合、センターバックにまで体を寄せてボールを奪いにくる。そういった場面では、味方ディフェンスラインからプレスを逃れる目的で、バックパスがくることがある。その際、**ゴールキーパーは飛距離の長いキックでクリアする必要がある。ボールをセーフティな位置まで蹴り戻すのだ。**しか

し、ただ蹴るだけでは相手と五分五分のボールになってしまう。前線につなぐロングパスを蹴らなくてはならない。ワントラップで精度の高いロングパスに持ち込める技術を身につけることが大切。

　そのために、インフロントキックとインステップキックの質を追求しよう。裏狙いや直接あてるパスなどを、蹴り分けられる技術が必要だ。

① インフロントで正確にコントロールする

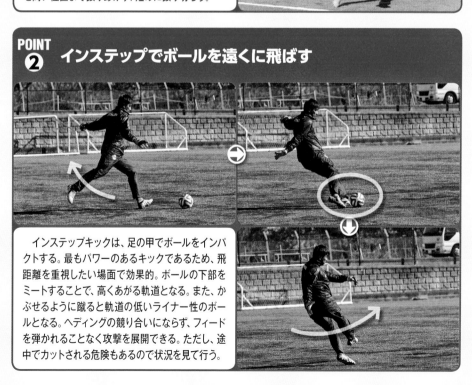

　足の内側、親指のつけ根から足首のつけ根の位置でボールをインパクトするキックを、インフロントキックという。こすりあげるように蹴るテクニックで、コントロール精度の高さが特徴。サイドに開いている味方にピンポイントでつなげたい場面などで有効だ。足をボールに差し込むようにキックし、ボールを浮かせることがポイント。フォロースルーでは足を高い位置まで振りあげず、短めに振り切ろう。

② インステップでボールを遠くに飛ばす

　インステップキックは、足の甲でボールをインパクトする。最もパワーのあるキックであるため、飛距離を重視したい場面で効果的。ボールの下部をミートすることで、高くあがる軌道となる。また、かぶせるように蹴ると軌道の低いライナー性のボールとなる。ヘディングの競り合いにならず、フィードを弾かれることなく攻撃を展開できる。ただし、途中でカットされる危険もあるので状況を見て行う。

ロングフィードで敵陣に攻め込む

CHECK POINT!
1　狙いはサイドの深い位置
2　状況判断し狙いを決める
3　前にボールを出してキック

効果的な位置に落としてチャンスを生み出す

ロングフィードはゴール前から高く長いボールを蹴るプレーで、一見するとせっかくのマイボールを50:50のイーブンなボールにしてしまうため、非効率的に思うかもしれない。しかし実際は、**敵陣にボールを落とせるため、味方が競り合いに勝てば深い位置で攻撃を展開できる**。

負けたとしても自ゴールから遠いのでそれほど危険がなく、相手が落としたボールを味方が拾える可能性もある。リスクが少なく、大きなチャンスにつながる効果的なプレーなのだ。

しかし、相手からプレッシャーを受けている場面ではゆっくりとコントロールする位置を定めている時間はない。状況によっては、セーフティなクリアをする必要がある。状況を見て、コントロールするかクリアするかを判断しよう。

POINT ❶ サイドの深い位置に 出すのがセオリー

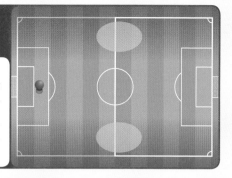

パスする位置として有効なのはサイドだ。特にバックパスが来たサイドの逆側が、人が少なくなっているため狙い目。トラップで方向転換してパスを出そう。相手ディフェンスの戻りが遅れている場合があるので、敵陣に素早くロングフィードすれば裏をつける。

POINT ❷ センターサークル付近の 味方に合わせるのも手

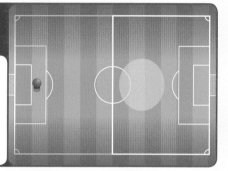

チームにターゲットマンがいるのなら、センターライン付近の中央エリアに、フィードすることも効果的だ。そのときの状況やチームの戦術などから判断して、ボールをフィードしよう。

POINT ❸ プレッシャーがない 場面では前に出てキック

相手チームが引いて守っており、ゴールキーパーへのプレッシャーがない場面では、ボールをペナルティエリアの外まで出そう。その分距離が出るため、より深い位置にロングフィードを蹴り込むことができる。余裕があるので、コントロールもしやすい。

プラスワン +1 アドバイス

ダイレクトは安全第一 確実にボールを蹴り戻す

相手に詰められダイレクトで蹴らなければいけない場面では、余程相手と距離がない限りはクリアでしのぐ。難しい技術な上、焦っている状態なので、無理にパスを狙うとミスしてしまうのだ。セーフティなプレーを徹底しよう。

ボールを横からとらえてフィードする

CHECK POINT!
1 ボールを落とし最後まで見る
2 軸足を踏み込む
3 真横からキック

手から落としたボールをインパクトする

　キャッチングなどでボールをキープした場面では、いくつかの選択肢がある。そのひとつがパントキックで、手元からボールを落として空中でキックするプレー。一気に敵陣までボールを飛ばすことができる効果的なロングフィードだ。

　ポイントは、半身の姿勢でボールを横からキックすること。これをサイドボレーキックといい、滞空時間が短くスピードの

あるボールを蹴ることができるため、カウンターを狙う場面などで効果を発揮する。ボールを高く蹴りあげるパントキックもあるが、現代サッカーではサイドボレーキックが主流となっている。

　蹴り込む位置の狙い目は、ロングフィードのセオリーと同じサイド。また、相手のディフェンスラインが高い場面では、その裏を狙う方法も有効となる。

POINT ① 半身の姿勢をとり ボールを落とす

キックする方向に対して半身の姿勢で構え
て、蹴り足と対角の手でボールを持つ。蹴り
足を一歩前に踏み込み、同じタイミングでボー
ルをトスする。このとき、胸くらいの高さ
から落とすイメージで行う。浮かすとタイミ
ングを合わせづらくなるので注意しよう。

POINT ② 軸足を踏み込んで 蹴り足を振りかぶる

ボールの落下に合わせて、軸足を落下点の
横に踏み込む。蹴り足は後方に残し、持ちあ
げて振りかぶる。このとき、重心を後方に寄
せてやや体を倒すと蹴りやすくなるので意識
して行おう。また、ボールから目を離さずに
動作することも重要なポイントだ。

POINT ③ ボールを真横から 蹴って飛ばす

蹴り足を振りあげて、落下するボールをイ
ンパクトする。このとき、横からボールをキ
ックすることがポイント。これにより、弾道
が低くスピードのあるキックとなる。足の甲
の外側でとらえ、スライスさせるように蹴る
と正確にコントロールできる。

プラスワン +1 アドバイス

腰を回旋させて ボールにパワーを与える

蹴り足を後ろから前にスイングする動作では、
腰の回旋がポイントになる。半身の姿勢から、体
の正面を前に向けるような意識を持つと、腰がス
ムーズに回ってボールにより強いパワーを与える
ことができる。

ボールをショートバウンドさせて蹴る

CHECK POINT！

1　ボールの落下に合わせて助走
2　やや浮いたところでインパクト
3　キックの勢いのまま振り切る

小さな動作で遠くに飛ばせるキック

　手に持ったボールをピッチに落とし、跳ねたところをショートバウンド気味にインパクトしてロングフィードするテクニックを、ドロップキックという。**小さな動作で敵陣深くまで達する飛距離のあるキックを蹴り込めるメリットがあり、また軌道の高低もコントロールしやすい。**

　しかし、ドロップキックにはピッチコンディションの影響を受けやすいというデメリットがある。思わぬバウンドをすると、コントロールが乱れるのだ。狙い通りに蹴るためには、よくボールを見て正確にミートすることが大切だ。

　あまりにもデコボコであったり、雨が降っているピッチコンディションが悪い状況では避けるのが得策だ。その際には、パントキックなどに切り替えよう。

POINT ❶ ボールを落とし落下点の横に踏み込む

体の正面でボールを落とし、同時に助走に入る。ボールの落下点の横に軸足を踏み込み、蹴り足を後方に振りかぶる。このとき、足の甲を正面に、足首を固定する。ボールとタイミングを合わせて動作することが大切なので、目から離さないように注意しよう。

POINT ❷ ショートバウンドでボールをとらえる

ドロップキックでは、ボールがバウンドしてやや浮いたところを足の甲でとらえる。これを、ショートバウンドという。ボールの落下とキックのフォームを連動させることが、正確にフィードするためのポイントになる。

POINT ❸ インパクトしたら大きくフォロースルー

インパクト後は、足を前方に大きく振り切ってフォロースルーをとる。なおドロップキックは、ミートポイントを低くすることで軌道を高く、反対に高くすることで低い軌道に蹴り分けられる。微調整してみよう。

プラスワン +1 アドバイス

ボールから目を離さずキック動作を行う

インパクトの瞬間までボールから目を離さないことが、コントロールを安定させるポイントとなる。ミートをミスすると、蹴り損じて相手選手にボールを渡してしまう危険がある。ピンチに陥らないように、正確なミート技術を身につけよう。

上からボールを投げてパスをつなぐ

CHECK POINT!
1　足幅を大きくボールを振りかぶる
2　ヒジをまっすぐ伸ばしてリリース
3　足をうまく使って投げる

コントロールしやすい方法で中距離パスを出す

　ゴールキーパーは手でボールを扱うことができるため、スローイングによるパスも効果的だ。キックほど飛距離は出ないものの、イメージ通りにコントロールできるメリットがある。オーバーハンドスローは、振りかぶって上から投げる技術。サイドバックや中盤の底に味方など、中距離パスに適している。

　ポイントは、遠心力を利用すること。ボールの軌道が半円を描くように腕を回し、高い位置でリリースする。このフォームを素早く行うことができれば、スピーディな攻撃を展開できる。オーバーハンドスローは、技術があがればハーフウェーライン付近までボールを投げられるようになる。コントロールしやすいスローイングで長いパスを出せるようになると、チームにとって強い武器になる。

POINT ❶ 足を広げて 投げ手を振りかぶる

　パスする方向にボールを持つ手と対角の足を踏み込み、足幅を大きく開く。同時にボールを持つ手を後方に振りかぶり、逆側の腕は上に持ちあげる。このとき、ボールを落とさないように手を大きく開いて包み込み、手首を曲げて手のひらの上に乗せるように構える。

POINT ❷ 腕を伸ばしてスイングし 高い位置でリリース

　ボールの軌道が上側に半円を描くように、腰を回して前に体重移動しながらスイングする。このとき、腕をまっすぐ伸ばして遠心力をボールに与えることが大切。顔のナナメ上あたり、高いポイントでボールをリリースする。これによりパスに飛距離が出る。

POINT ❸ 横に腕を回し サイドハンドスロー

　腕を横方向にスイングすると、サイドハンドスローとなる。腰の回旋がより強調されるフォームで、横回転をかけて投げる。オーバーハンドスローよりも素早く投げられるメリットがあるため、カウンターをしかける場面などで効果を発揮するテクニックだ。

プラスワン +1 アドバイス

バウンドも計算してパスを出す

　スローイングはキックのように軌道に高さをつけられないので、バウンドしてからの長さも計算してパスを出そう。またピッチがスリッピーな場合は、ボールの滑りが良いのであえて近い位置でバウンドさせてスピードを出すのも手だ。

ボールを転がして味方に渡す

CHECK POINT!

1　ボールを手と手首で持つ
2　重心を下げボールを振りかぶる
3　味方が受けやすいように低い位置でリリース

低い位置でリリースしショートパスをつなぐ

　ボールを上から投げるオーバーハンドスローに対し、腕を下側に振るスローイングをアンダーハンドスローという。センターバックなど最も近くにいる味方にパスするショートパス技術で、投げるというよりはボールを転がすプレーだ。

　ポイントは、バウンドさせないこと。ボールが跳ねるとトラップが乱れる危険があり、ゴール前では小さなミスが失点に

つながる場合がある。そのために重要になるのが、重心を充分に落とした姿勢だ。ほぼ片ヒザがつくようなフォームで、ピッチすれすれの位置をリリースポイントにする。ボウリングをイメージしてリリースすると良いだろう。

　スローイングが得意な選手は、スピードをつけてサイドバックなどやや遠くの味方につなぐ練習をしても良いだろう。

POINT ❶ 手のひらと手首で ボールをロックする

　利き手でボールを手のひらの上に乗せ、腕を下ろす。これによって手のひらと手首がボールに触れている状態になり、2点で固定することができる。しかし力が弱いと後方に振りかぶった際に落ちてしまうので、手のひらで包むようにしっかり持つことが大切。

POINT ❷ 腕を振りかぶりながら 重心を低く落とす

　ボールを持つ腕と対角の足を前方に踏み込み、同時に腰を落とす。後方の足の曲げたヒザが、ピッチにギリギリつかない程度の位置まで、重心を低くしよう。この踏み込みと連動して、ボールを後方に振りかぶる。ヒジを伸ばしたまま、まっすぐ後方に振る。

POINT ❸ 低い位置でリリースし ボールを転がす

　振りかぶったところから、前に腕をスイング。この動作は、ボウリングをイメージすると行いやすい。体のやや前にきたところでリリースする。このとき、ピッチすれすれの低い位置で手を離すことが大切。これにより、ボールのバウンドを抑えることができる。

プラスワン ＋1 アドバイス

振り子のように 腕をスイングさせる

　ボールをイメージ通りにコントロールするためには、腕のスイングが大切だ。腕をまっすぐにした状態で、振り子のようにボールを下側に半円を描く軌道で振る。このスイングの速さでパスのスピードが増減するので、調節してみよう。

キープして時間を稼ぐ

CHECK POINT!
1　ボールを後方スミに運ぶ
2　かがんで相手選手を待つ
3　フェイントを入れてから拾う

相手選手を引きつけてからボールを拾う

　ゴールキーパーはルール上、バックパス（味方から意図的に足で出されたパス、スローイン）でなければ、ボールを手でつかむことができる。得点をリードしている状況で、ヘディングパスや相手のクリアボールなどでボールをキャッチできる権利を得た場合は、ゴールキーパーは時間を長く使うことがセオリーだ。キャッチしてしまうと、6秒ルール（ボールを6秒以上、手で保持してはいけないルール）に抵触するため、まずはトラップして体の近くにボールを置き、相手フォワードが近づいてきたところでキャッチしよう。

　その際、**より長く時間を稼げるようにボールをペナルティエリアのゴールライン側の角までドリブルで運び、相手をギリギリまで引きつけて拾う**。フェイントを入れるとさらに効果的だ。

POINT ① ペナルティエリア後方の スミまでボールを運ぶ

　キャッチする権利のあるボールを足元で保持したら、ペナルティエリアの後方のスミまでボールをドリブルする。この位置に置くことによって、プレッシャーをかけにくる相手フォワードの走行距離を長くすることができ、より長く時間を稼げる。

POINT ② すぐキャッチできるように かがんで相手選手を待つ

　ペナルティエリアのスミに移動すると、相手フォワードが早くキャッチさせようと近づいてくるので、両手をボールの横にセットして距離を詰めてくるのを待つ。すぐキャッチできる体勢をとることで、相手フォワードをギリギリまで引き寄せることができる。

POINT ③ フェイントを入れて キャッチする

　相手フォワードがすぐ近くまで寄ってきたところで、ボールをキャッチする。このとき、すぐキャッチせずに一度拾う振りをしてフェイントを入れると、さらに効果的だ。ボールをより長くキープすることには、時間を稼ぐと同時に、相手を焦らせる効果もある。

プラスワン ＋1 アドバイス

6秒使って蹴りやすい位置に ボールを落としてフィード

　ボールをキャッチしたら、6秒間使ってペナルティエリアの前方に移動してボールを落とす。相手フォワードの動きを見ながら、ペナルティエリアの外までボールを動かす。高い軌道のロングフィードを蹴り込むとさらに時間を稼げる。

スペースに蹴り出してフィード

CHECK POINT!
1　相手の状況を見てスペースにトラップ
2　ロングフィードする
3　切り返しは危険

トラップでボールを相手から遠ざける

　前線からのハイプレスを戦術とするチームを相手にすると、ゴールキーパーへのバックパスに対してもきついプレスをかけてくることがある。そのプレッシャーに焦ると、ボールを奪われてそのまま失点してしまうので、冷静にかわす技術が要求される。

　ポイントは、トラップでスペースにボールを運ぶこと。自分の体の近くにコントロールすると危険なので、ボールを相手から遠ざけるのだ。これにより、追いつかれることなくロングフィードできる。トラップする前から状況を把握し、どこにスペースがあるのかを見つけておくことが大切だ。

　プロの試合ではゴールキーパーが切り返しで相手選手をかわす場面を見られるが、これはリスクの大きい危険なプレーだ。失敗すると即失点なので注意。

ゴールエリアからボールを蹴り出す

CHECK POINT!
1　味方にパスする意識で蹴る
2　敵陣なら浮き球でも自チームが有利
3　ショートパスでつなぐのも手

高さのある味方を狙ってボールを飛ばす

　相手が最後に触れたボールがゴールラインを超えると、マイボールとなりゴールエリアから蹴り出すゴールキックとなる。このプレーでのセオリーは、大きく蹴り出しボールを敵陣深くに落としてつなぐこと。

　設置したボールをロングフィードと同じ蹴り方で、遠くへ飛ばす。このとき、高さのある味方を狙うことが大切だ。そのほかにも一方のサイドに人を集めてあえて逆サイドに蹴り出してボールを通すなど、さまざまな戦術が考えられる。チームに合った戦術を考えよう。

　また、パス回しでポゼッションを高めながら相手ディフェンスを崩す戦術のチームでは、ショートパスで味方ディフェンスラインに簡単につなぐ場合もある。試合終了間際、時間を稼ぎたい場面でも短いゴールキックが有効だ。

フィードの判断方法

一番前の選手をまず最初に見る

　パスをつないで崩すパス・サッカーを戦術に用いるチームが増えたことから、ゴールキーパーがショートフィードでディフェンスラインにパスを出すシーンをよく見るようになった。戦術として間違いではないが、ショートフィードに慣れすぎて習慣化し、ロングフィードを出すべき場面にも関わらず、何の判断もせずに「とりあえず」で短くつないでしまうもったいないプレーが増えている面もある。フィードのチャンスでは、常にその場面で最善の方法を選択しなければならないのだ。

　その際、まず最初に見るべきなのは最前線のフォワードだ。ゴールに1番近い味方選手に出せるのかどうかをまず確認し、無理だと判断したらその一列下、それもダメならさらに一列下……と、上から順にフィードする味方を探すのがセオリー。相手ゴールに近づくプレーをすることが攻撃の基本であり、それはゴールキーパーであってもフィールドプレーヤーと同じだ。このことを理解し、フィードする際の判断基準にしよう。

PART **5**

レベルアップする
練習法

キャッチングの形をマスターする

正面キャッチ

CHECK POINT!
ボールに合わせて体を正面に移動させる意識

体の正面でとる

　ゴールラインの中央に立ち、ゴールエリアの一歩後方から蹴り込まれるシュート性のボールをキャッチングする。キッカーが手から落としてボレーでキックするボールを、軌道に合わせて体を動かし、正面に入ることがポイント。キャッチの感覚を得られる基本練習となる。試合前のウォームアップとしても有効で、感覚を鋭くすることができる。基本であり、最も重要な練習だ。

プラスワン +1 アドバイス

体を動かして正面でとる

ボールに対して、手だけを動かしてキャッチするのはNGだ。

左右キャッチ

→

CHECK POINT！
動きながらキャッチする

倒れ込みながらとる

　尻をついて座り、両足を前に伸ばして手を体の前にあげる。その姿勢から、正面に立つボール出しが体の横に落とすボールを、倒れ込みながら空中でキャッチする。キャッチしたらボールをボール出しに戻し、逆側も同じように行う。この練習に取り組むことで、体を投げ出して行うキャッチングの、体の前の空間でキャッチする位置を確認できる。セービングにもつながる重要な基本練習だ。

プラスワン +1 アドバイス

ボールをしっかりキープ

キャッチしたら、ボールを必ず体の前でキープする。

強いボールと緩いボールのキャッチ技術を磨く

強打キャッチ

CHECK POINT!
強いボールの勢いを吸収する

両手で強打をとめる

　倒れ込んでボールをキャッチする動作をイメージし、一方の体側をピッチにつけて横になる。体の前で両手を揃えてキャッチングの形をつくり、正面の至近距離からキッカーが打ち込む強いボールをキャッチする。このとき、キッカーは手をめがけてキックする。勢いを吸収する技術が身につけば、近距離の強打でもしっかりボールを見られるようになる。手の位置、とる位置の確認もできる。

プラスワン +1 アドバイス

頭をあげて動作する

ボールの軌道を目で確認できるように、頭をあげて行う。

グラウンダーキャッチ

CHECK POINT!
滑り込んでキャッチする

転がるボールをとる

　正面に立つボール出しが、左右に転がすボールに反応し、キャッチする練習。グラウンダーのボールを、正確にキープする技術を磨く練習だ。速いボールではないものの、一回一回ボールとゴールの間に体を滑り込ませることが大切。

　また、キャッチする際にボール側の手を後ろ、逆側の手を上に、と二方向からボールをつかんでとめることも重要だ。

プラスワン +1 アドバイス

正しい動き方を意識

手の出し方、ボールへの体の動かし方が重要になる。

バウンドのキャッチング精度を高める

バウンドキャッチ

CHECK POINT!
落下点に手を伸ばす

上からボールをとる

　一歩程度の距離から落とされたボールに対して、腕を伸ばしてキャッチする練習。両手で上からおさえるように取り組むと、確実にとることができる。落下点に倒れ込むように手を伸ばし、キャッチしたら倒れ込んで体の前でボールをキープしよう。キープしたところでボールを戻し、逆側も同様に行う。練習に慣れてきたら、ボール出しの高さを変化させる。これにより、タイミングが変わってより有効な練習になる。

プラスワン +1 アドバイス
さまざまな高さに対応

ボール出しはストンと落としたり、高くあげるなどしてボールに変化をつける。

バウンドキャッチ - 強打

CHECK POINT!
バウンド直後にキャッチ

跳ねる前におさえる

　ボール出しと一歩分程度の近い距離感で正対し、腰を落とした構えをとる。その姿勢から、ボール出しが下に強くバウンドさせるボールをキャッチする。ポイントはバウンド直後のタイミングを狙って、両手でボールを上からおさえること。これにより、ボールが大きく跳ねる前にキャッチできる。ボールのスピードに合わせて動作しよう。できない場合は座り姿勢からスタートする。

プラスワン +1 アドバイス

こぼしてもすぐキャッチ

ミスしてボールをこぼしても、すぐに手を伸ばしてとれる位置に置けるように。

キャッチの個人練習に取り組む

バウンドキャッチ - 個人

CHECK POINT!
真上に蹴ってバウンドさせる

自分で蹴りあげて行う

　バウンドキャッチの練習は、一人でも取り組むことができる。ボールを持って立ち、真上に蹴りあげて、落下してきたボールがバウンドしたところでキャッチする動作となる。その際、ボールの落下に合わせて倒れ込むことがポイントだ。腰が高いと、こぼしやすいので注意。

　個人練習で取り組めば、バウンドへの対応力を高めることができる。

プラスワン +1 アドバイス

高いボールほど難しい

ボールを高くあげると、タイミングをとりづらくなり難易度があがる。

セービング力を鍛える

セービング

CHECK POINT!
正面からのシュートをとめる

シュートに反応する

キッカーがペナルティアークの中央から自由に蹴り込むシュートを、ゴールラインの前でセービングする練習。キッカーにとってはシュートコースが豊富であるため、さまざまなコースに打ち分けることができる。それらに対して素早く反応しゴールを守ることで、セービング力が向上する。

なおキッカーのコースを限定して、難易度を下げることもできる。

プラスワン +1 アドバイス

逆足シュートもとめる

右足ばかりでなく、左足からのシュートも練習すると対応力がアップする。

ハイボールの処理を練習する

ハイボールキャッチ

CHECK POINT!
左右に動いてとる

ジャンプしてボールをキャッチ

　ゴールエリア外の正面の位置から、ゴールの上スミを狙ってボール出しが投げる山なりのボールを、ゴールラインを中央から落下点に移動してキャッチする。ステップからスムーズにジャンプして、両手でキャッチすることがポイントとなる。

　最初は左右交互に行う。クロスの感覚をつかむトレーニングとなる。

プラスワン +1 アドバイス

クロスステップで移動

素早い移動が必要になるので、クロスステップを用いる。

バックステップハイボールキャッチ

CHECK POINT!
ステップに注意する

下がりながらキャッチする

　ゴールエリアの正面で、ボールを胸の前で持つボール出しと、ゴールエリアの中央に立って正対し、一方の手をボールに伸ばしてタッチする。これを合図に、ボール出しがゴールに向かって山なりにボールを投げる。そのボールをバックステップで追いかけ、ゴールに入る前にジャンプキャッチする。ボールから目を離さずに動作することがポイントになる。

プラスワン +1 アドバイス

胸の前でキープ

空中でキャッチしたら、すぐさま胸の前でボールを抱える。

反応速度を高める練習に取り組む

垂直落下ボールキャッチ

CHECK POINT!
素早く反応してキャッチする

ボールが落ちる前にとる

　両手の上にボールを持つボール出しと、一歩分程度の距離をとって正対する。その体勢から、ボール出しが合図なしでランダムに左右どちらかのボールを落とす。そのボールに反応し、落下するまでにキャッチできれば成功となる。

　取り組むことで、反応速度を高めることができる。ボール出しは、フェイントを入れるなどして難易度をあげる。

プラスワン **+1** アドバイス

ボールの上で構える

両手はボール出しが持つそれぞれの上にセットして構える。

反転ボールキャッチ

素早くターンしてとる

　ボール出しと一歩半分程度、距離をとり、背中を向ける。このときヒザをやや曲げて腰を落とし上体を前傾させる。ボール出しがその背中に対して緩いボールを投げ、当たったところでそれを合図に反転し、ボールが落下する前にキャッチする。

　ボール出しは、背中の上部分にボールを当てることを心がける。下部分だと、すぐ落ちてしまいキャッチが難しい。

プラスワン +1 アドバイス

顔を先行させてターン

ターンする際に、顔を先行させると動作のスピードをあげることができる。

動くボールに素早く反応してキャッチする

ハイ！

反転グラウンダーキャッチ

CHECK POINT!
合図に反応して反転する

ボールを素早く見つける

　ゴールの中央で構え、ゴール側に体を向ける。ボール出しは、ペナルティマークのあたりからゴールへボールを転がす。ゴール手前まで転がったところでボール出しが声で合図を出し、それに反応してターンし、キャッチする。ボールを素早く見つけることがポイントだ。

　ゴールのスミに転がす、蹴って転がす、などボールを出す側が色々と工夫する。

プラスワン +1 アドバイス

合図は一歩手前あたり

ボール出しは、ボールが一歩手前のあたりまで到達したところで合図を出す。

反転シュートストップ

ハイ！

CHECK POINT！
反転から素早くシュートをとめる

シュート性のボールに反応

　ゴールの中央でゴール側に体を向けた構えをとったところに、ゴールの正面、ペナルティアークの位置から、ボール出しがボールをボレーでゴールに打ち込む。このとき、ボール出しはボールをトスしたところで声を出して合図する。それに反応してターンし、シュートをとめる練習だ。難易度が高いので、ボール出しは最初は甘めのコースに蹴る。

プラスワン +1 アドバイス

腰を落として反転する

すぐボールに飛びつけるように、低重心をキープしてターン。

確実で正確なフィードを身につける

バウンドボールフィード

CHECK POINT!
インパクトが重要

トラップなしでフィード

　ボールがやや離れた位置からバウンドさせて出したボールを、タイミングを合わせてダイレクトでとらえ、ロングフィードする練習だ。軌道を見極めてポジションをとり、ボールを良く見て確実にインパクトすることがポイント。

　ただ遠くにクリアするのではなく、フィードするコースを決めて行おう。目標を決めることで、より効果的になる。

プラスワン **+1** **アドバイス**

グラウンダーから始める

グラウンダーのボールから練習を始め、徐々にバウンドさせて難易度をあげる。

連続パントキック

CHECK POINT!
常に同じミートポイントでインパクトする

スムーズな動作を得る

　ボール出しから矢継ぎ早に渡されるボールを、連続でパントキックする練習だ。パントキックはカウンターの起点として蹴ることが多く、その場合素早くフィードできるスムーズなフォームが要求される。一連のキックする動作をしっかり身につけておこう。

　連続で蹴るとコントロールが乱れやすくなるので、意識して取り組む。

サイドボレーで蹴る

カウンター攻撃で用いるサイドボレーキックでボールを蹴る。

自分の体重を負荷に使って体幹を鍛える

CHECK POINT !
1 筋トレでフィジカル強化
2 体幹を鍛えるのが効果的
3 自重なら体を傷めない

体幹を鍛えてプレーの精度を高める

ゴールキーパーとしてレベルアップするためには、技術に加えてフィジカル（体力）面のトレーニングも必須だ。そのためには、体幹を鍛える筋力トレーニングが有効。「体幹」とは胴体部分にある筋肉の総称のことをいい、**あらゆる動作の基本となる筋肉だ。鍛えることでスピードやパワーはもちろん、ボディバランスやテクニックの精度も高めることができる。**

体幹には、自分の体重を負荷にする自重トレーニングで鍛えられるメリットもある。重りを使うウェイトトレーニングは筋肉増強には効果的だが、反面ケガのリスクもある。その点、自重トレーニングならば体への負担が少ないので、痛めることなく鍛えられるのだ。しかしその分、フォームが重要になる。間違うと効果を得られないので注意しよう。

足とヒジで体を支えてキープする

30秒キープ

　両ヒジと両足のツマ先をついて、体をまっすぐに伸ばす。このとき、尻が浮きやすいのでカカトから肩までがまっすぐになるように意識する。体を一直線にしたところで、その体勢をキープする。目線は正面に向け、両手は顔の下あたりで揃える。その姿勢を崩さずにキープし、体幹に働きかける。

横

前

一方のヒジと足で体を支える

1動作10秒（合計30秒）
×左右3セット

　左右どちらか一方のヒジと足の側面をついて、体をまっすぐに伸ばす。次についていない側の足を、ヒザを曲げずに真上に持ちあげる。この姿勢を初期姿勢としてバランスをキープし、あげている足を体の前にスイングさせる。体の正面に対して垂直のところまでスイングさせたら、ゆっくり元の位置に戻す。

浮かせた足を上下させる

左右×30回

　まず両手と両ヒザをついた姿勢をとり、一方の足のヒザをやや浮かせる。その姿勢から、ヒザを曲げたまま足全体をゆっくりと持ちあげる。ヒザを腰の位置まであげたところで、同様にゆっくりと下ろす。このとき、ヒザは地面につけない。下ろしたら、同じように持ちあげる。この上下運動を繰り返し、トレーニングする。

ボールに手を乗せて鍛える

20回

　両手をボールの上に乗せ、その後方の体がまっすぐになる位置に両足のツマ先をつく。その姿勢から、まず右手を離して地面につき、元の位置に戻したら次は左手を地面につく。これを1回とカウントして、最初の姿勢に戻って20回繰り返す。なお、肩が痛むことがあるので、注意しよう。

対角のヒジとヒザをつける

左右×30回

　仰向けに横になり、肩と足を浮かせる。このとき、ヒザはやや曲げる。腕は両手をそれぞれ頭の横にセットし、ヒジを曲げる。その姿勢から、上体をひねって右ヒジと左ヒザをつける。ヒザを近づけるように持ちあげる。逆側も同様に行う。動作中、常に足を浮かせたままキープすることがポイント。

足を浮かせてキープする

30秒

浮かせない

　体をまっすぐにして仰向けになり、足を浮かせる。このとき、腰を地面につけて、あがらないようにする。腰で体を支えているイメージで行うと良いだろう。このとき、両足をぴったりと揃えて、両手は邪魔にならないように腹のあたりに置く。そのままの姿勢をキープして、体幹の筋肉に働きかける。時間が経つと、足を落ちてしまいやすいので注意。

筋肉を伸ばしてコンディショニング

プレーの前後にストレッチをする

ウォームアップとクールダウンでは、ストレッチに取り組もう。**プレーの前に筋肉を伸ばしておくと、体の柔軟性が高まりケガを予防することができる。またプレー後にストレッチを行うと、疲労物質の除去を促進する効果がある。**加えて、ストレッチには体を伸ばす際に行う呼吸によって、自律神経系に働きかけてメンタルを安定させる効果もある。試合前やPK

戦の前などに取り入れると、緊張やプレッシャーによって乱れたメンタルを整えて、ベストパフォーマンスを発揮できるようになる。

取り組む際には、効いていると感じるところで10から15秒程度キープし、充分に筋肉を伸ばそう。つい速く数えてしまいがちなので、声に出すなどしてゆっくりとカウントしよう。

POINT ❶ 足を伸ばして上体を倒す

尻をついて座り、両足を揃えて前に伸ばす。その姿勢から上体を倒し、両手でツマ先にタッチする。これにより足の裏側にある筋肉を伸ばすことができる。

POINT ❷ 足を開いて上体を倒す

尻をついて座り、両足をそれぞれ左右に開けるところまで開く。このとき、ヒザをまっすぐ伸ばす。上体を前に倒すと、内モモなど脚部の筋肉が伸びる。

POINT ③ 上体を 左右一方に倒す

　POINT②の姿勢から、上体をどちらか一方の足の方向に倒して両手でその足のツマ先に触れる。倒している側の足を重点的に伸ばせる。逆側も同様に行う。

POINT ④ 肩足を逆側の ヒザに乗せる

　両ヒザを立てて座り、一方の足を持ちあげて逆側の足のヒザの上に乗せる。上体の重心は後方にかける。逆側も同様に行う。主に臀部の筋肉が伸びる。

POINT ⑤ 片方のヒザを 腕で抱える

　あぐらをかいて座り、上に乗っている側の足を両腕で抱える。体につけるように、グッと近づける。これにより、臀部の筋肉が伸びる。逆側も同様に行う。

POINT ⑥ カカトを尻につけて ヒザを曲げる

　横になり、一方の足の甲を同じ側の手でつかみ、カカトが尻につくところまでヒザを曲げる。これにより、モモの表の筋肉が伸びる。逆側も同様に行う。

POINT ❼ 肩を地面につけて引っ張る

　両ヒザをつき、上体を倒して前方に両手をつく。次に左腕を右手と右ヒザの間を通して外側に伸ばし、左肩を地面につける。左腕を外へ強く引っ張ることで、左肩を伸ばせる。逆側も同様に行う。

POINT ❽ 片ヒザをついて重心を前にかける

　両ヒザを地面につけて、背スジを伸ばす。その姿勢から右足を前に踏み込み、両手をそのヒザに乗せて前方に重心をかける。これにより、左足のモモの内側部の筋肉が伸びる。逆側も同様に行う。

POINT ❾ 後ろ足のカカトを尻につける

　コツ⑧の姿勢から後ろの足を対角の手でつかんで持ちあげ、カカトを尻に近づける。これにより、さらにモモが伸びる。上体を倒し、空いている手を地面についてバランスをとる。逆側も同様に行う。

POINT ⑩ 片腕を逆の腕で抱え込む

　直立の姿勢で右腕で前に伸ばし、左腕でその腕を抱える。次に左ヒジを曲げて、右腕全体を体に引き寄せる。この動作によって、右肩の筋肉を伸ばすことができる。逆側も同様にストレッチする。

POINT ⑪ 二の腕を頭の後ろに引く

　直立の姿勢をとり、右腕を真上に伸ばしてヒジを後方に曲げる。そのヒジを左手で外側からつかみ、頭の後方に引く。これにより、二の腕の裏側にある筋肉を伸ばせる。逆側も同様に行う。

POINT ⑫ 腕を伸ばし手の平を反らせる

　直立し、右腕を前に伸ばす。このとき、手を開いて手の平を上にする。次に左手で右手の指のあたりをつかみ、体の側に引きつける。これにより、手首の筋肉が伸びる。逆側も同様に行う。

ゴールキーパー Q & A

ゴールキーパーとしてレベルアップを目指して練習に意欲的に取り組めば、技術を高めることができる。しかしある程度上達すると、壁に当たることがある。対応方法がわからず試合でミスしてしまったり、うまくプレーできない状況に陥ることがあるだろう。そうした疑問点をそのままにしていては、選手として成長できない。疑問と悩みをしっかりと解決してレベルアップしよう!

Q1 カウンターなど数的不利の状況ではどのような対応をするべき?

A 飛び込まずにじっくり対応し 味方が戻る時間をつくる

　ゴール前での数的不利は、失点の危険が大きいピンチの状況だ。その際に、焦ってボールに飛び込んでしまうと、パスを回されて無人のゴールにシュートを打たれるので注意しなければならない。リスクを回避することを第一に考えて、じっくりと時間をかける対応方法がセオリーだ。味方が戻る時間をつくることができれば、イーブンもしくは数的有利の状況に挽回可能だ。そのために、少ない人数でもボールをサイドに追い込み、相手の確率を減らそう。

コーナーキックの場面で用いる守備戦術には何がある?

 大きく分けてマンツーマンとゾーンの
2種類の守り方がある

　コーナーキックの守備戦術には、大きく分けて相手選手にそれぞれマークをつけるマンツーマン、エリアを区切ってディフェンス選手が各エリアを担うゾーンの2種類がある。前者はセットプレーに強い相手に対するミスマッチを防げるメリットがあり、後者には危険なスペースを重点的に守れるメリットがある。ゴールキーパーはどちらの戦術で守るのかを明確にし、チームの意思を統一する役割を担う。

 キーパーグローブは複数持っておくべき?

 消耗品なので2つは必要
コンディションで使い分けられるとなお良い

　キーパーグローブは使うたびにパームが摩耗し、素材の耐久性にもよるが半年程度でグリップ力が低下する。そのため、最低でも2つは用意しておき、練習と試合で別のものを使うのが安全だ。また、余裕があればグラウンドや天候に合わせて使い分けられるように、それぞれに専用のグローブを用意する。土用、芝用、雨天用とあると、ピッチコンディションに対応できる。しかし、まず最初に自分に合うグローブを探そう。

柴崎 貴広

1982年5月23日生　神奈川県出身
東京ヴェルディ　#1

チ ー ム 紹 介

東京ヴェルディ

1969年に「読売サッカークラブ」として創部。1978年に日本リーグ1部に昇格し、リーグや天皇杯などのタイトルを数多く獲得する強豪クラブとなる。1992年に「読売日本サッカークラブ」を創立し、1993年に開始したJリーグにおいても輝かしい成績を残す。2001年に本拠地を東京に移転し、「東京ヴェルディ」に呼称を変更。現在はJ2リーグにおいて、J1昇格を目指して活動している。

©TOKYO VERDY

アスリート・ウェーブ
西東京接骨院・西東京鍼灸院

　土肥洋一が日本代表などの現役時代にフィジカルトレーニング、故障明けのリハビリに取り組んだ経験を生かして、平成21年11月2日にプロトレーナーの木場克己氏らと共同開設した厚生労働省認定柔道整復師試験財団認定施設。

　治療用ベッドや最新の治療器具、岩盤浴に加え、トレーニングスペースも併設。アスリートのトレーニング及びリハビリ指導のみならず、子供、サラリーマン、OL、お年寄りという老若男女の健康維持、治療、運動能力向上のサポートを行う。日本代表の長友佑都選手ら一流のアスリートも大会前に自主トレに訪れていた。

〒187-0021
東京都小平市上水南町2-15-7-1
TEL　042-312-2291
公式HP　http://athlete-wave.com/index.html

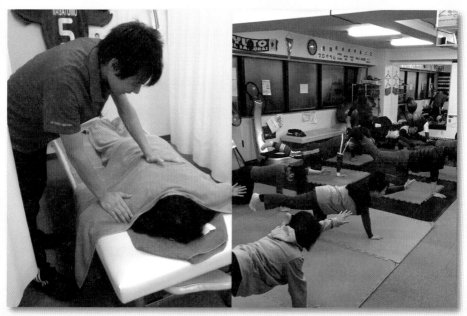

監 修 者

土肥 洋一

1973年7月25日生　熊本県出身
1992年に日立製作所本社サッカー部（現・柏レイソル）でプロサッカー選手としてのキャリアをスタート。2000年にFC東京へ移籍、正ゴールキーパーとして確固たる地位を築く。2003年より日本代表にも定着し、コンフェデレーションズカップやアジアカップ、ドイツW杯を経験。2006年には、216試合連続出場というJリーグ新記録を打ち立てる。2008年に東京ヴェルディに移籍、2013年に現役を引退する。その後、東京ヴェルディの育成チームGKコーチを経て、2014年トップチームのGKコーチに就任。2017年に再度育成チームのGKコーチとなる。2018年シーズンから、レノファ山口FCトップチームのGKコーチを務める。

制作スタッフ

カメラ	柳太、曽田英介
デザイン	居山勝
編集	株式会社ギグ（長谷川創介）
協力	株式会社クリエイティブ2
写真提供	東京ヴェルディ、レノファ山口

基本から応用まで身につく！
サッカー　ゴールキーパー　最強バイブル

2020年6月5日　第1版・第1刷発行

監修者　土肥 洋一（どい　よういち）
発行者　株式会社メイツユニバーサルコンテンツ
　　　　（旧社名：メイツ出版株式会社）
　　　　代表者　三渡 治
　　　　〒102-0093 東京都千代田区平河町一丁目1-8
　　　　TEL：03-5276-3050（編集・営業）
　　　　　　　03-5276-3052（注文専用）
　　　　FAX：03-5276-3105
印　刷　株式会社 厚徳社

◎『メイツ出版』は当社の商標です。

ご意見・ご感想はホームページから承っております。
ウェブサイト　https://www.mates-publishing.co.jp/

編集長=折居かおる　副編集長=堀明研斗　企画担当=大羽孝志/堀明研斗

※本書は2015年発行の『基本から応用まで身につく!サッカー　ゴールキーパー　上達バイブル』を元に加筆・修正を行っています。